엄마랑 아들이랑

마인크래프트
코딩 메이크코드 싹쓸이

엄마랑
아들이랑

마인크래프트
코딩 싹쓸이

마인크래프트

안효정 · 지성준 지음

좋은땅

마인크래프트(Minecraft)는 마르쿠스 알렉세이 페르손이 개발하고 마이크로소프트 스튜디오(Microsoft Studio)가 배급하는 오픈 월드 게임(Open World Game)입니다. 플레이어는 정육면체 블록과 도구를 이용하여 무궁무진한 활동을 자유로이 즐길 수 있습니다.

'마인크래프트 코드커넥션'은 코딩 교육을 위해 별도로 제작된 프로그램으로, 기존의 마인크래프트의 월드를 코드 편집기와 연동시켜 줍니다. 특히 메이크코드는 마인크래프트 코드 커넥션이 제공하는 코드 편집기 중 가장 강력한 도구로서, 블록기반의 컴퓨터 언어입니다. 플레이어는 자신이 만든 코딩으로 마인크래프트 월드의 다양한 요소를 제어할 수 있기 때문에, 코딩을 처음 접하는 친구들도 재미있게 프로그래밍 교육을 받을 수 있습니다.

"엄마, 심심해요." 아이들은 늘 이 말을 달고 삽니다. 인생의 초반, 에너지로 가득 찬 아이들에게 하루는 길고 또 즐거움은 부족합니다. 엄마는 집에서 심심해하는 두 아들을 위해 뭔가 해야겠다고 생각하였습니다. 최근 들어 보도매체에 단골 키워드로 등장하는 4차 산업혁명 시대를 준비하기 위해 아들에게 코딩을 가르쳐 보기로 생각했습니다. 엄마의 직업이 연구원이어서 매일 컴퓨터 코딩을 활용하고 있는 터라, 남들보다 쉽게 코딩 교육이 가능할 것이라 예상했습니다. 교육 초기에는 스크래치, 엔트리 등을 사용하여 수업을 시도하였습니다.

하지만 두 아이는 금세 집중력이 떨어지고 말았습니다. 엄마가 봐도 재미없는데 (예전보다는 많이 재미있어졌습니다), 아이들은 오죽했을까요? 엄마는 어떻게 하면 쉽고 재미있게 코딩을 가르칠 수 있을까를 고민하였습니다. 그러다가 마인크래프트로 코딩 교육이 가능하다는 것을 발견하게 되었습니다. 마인크래프트는 전 세계적으로 2억만 장 이상 판매 실적을 보유한 전설의 게임으로 아이들의 흥미를 불러오기에 충분했습니다. 그날부터 엄마는 밤을 새워 가며 열심히 마인크래프트 기반의 코딩 교재를 만들었고, 시간 날 때마다 두 아이에게 코딩 교육을 시켰습니다.

결과는 예상 밖으로 놀라웠습니다. 특히 첫째 아들은 교육한 지 한 달 만에 엄마를 능가하는 코딩 실력을 보여 주었습니다. 더불어 마인크래프트의 언어를 영어로 설정한 탓에 영어 실력도 크게 향상되었습니다. 아들과 엄마는 코딩을 주제로 대화를 나누고 코딩을 짜며 웃었습니다. 이제는 우리가 느꼈던 즐거움을 많은 사람들과 나눌 수 있도록 착실히 작성하였던 코딩 연구 노트를 출판하기로 결심하였습니다.

엄마와 아들이 함께 작성한 이 책의 초반부는 아이들이 코딩을 쉽게 이해할 수 있도록 컴퓨터와 코딩 관련 기본지식에 대한 내용을 담았습니다. 특히 다른 책과는 달리 컴퓨터 코딩의 개념 및 필요성, 좌표의 의미, 함수의 의미 등을 자세하게 설명해 두었습니다. 아이들은 교재를 통해 왜 코딩을 배워야 하는지, 좌표가 왜 중요한지, 수학이 어떻게 활용되는지를 직관적으로 이해할 수 있을 것입니다. 또 이런 기반 지식을 바탕으로 실제 실습을 할 수 있도록 다양한 예제들을 담아 두었습니다. 후반부에는 조금 더 복잡한 알고리즘으로 구성된 코딩에 대한 설명과 실습 예제를 포함하고 있습니다. 본문 중간에는 첫째 아들이 만든 마인크래프트 코딩 샘플들을 포함하여 아이들의 눈높이에 맞추었습니다.

일부 부모님들은 게임이라면 무조건 나쁘다고 생각할 수도 있지만, 생각을 조금 전환하면 게임은 유용한 도구가 됩니다. 게임은 도구입니다. 즉, 우리가 그 도구를 어떻게 사용하는지에 따라 다른 결과를 보여 줄 수 있습니다. 마인크래프트 역시 우리 아이들이 과도하게 몰입하면 여러 부작용이 나타날 수도 있지만, 이 책에서 제안하는 바와 같이 부모님과 함께 활용한다면 그 어떤 것보다 교육적으로 훌륭한 도구가 될 것입니다. 마이크로소프트에서도 자사의 홈페이지를 통해 마인크래프트를 활용한 컴퓨터 교육 방법을 제시하고 있으며, 미국 학교에서는 마인크래프트를 활용한 STEAM(science, technology, engineering, art, mathematics) 교육을 적극적으로 장려하고 있습니다.

이 책을 통해, 많은 아이들과 그 부모님들, 그리고 관련 교육자들이 마인크래프트를 단순한 게임이 아닌 교육용 소프트웨어로 저자들보다 더 즐겁고 유용하게 활용하게 되길 기대합니다.

2020년 9월

지은이 **안효정**

목차

1

컴퓨터

마인크래프트를 실행시키기에 앞서 컴퓨터에 대해 알아보도록 합시다. 먼저 컴퓨터(computer)의 어원(feat. 라틴어)에 대해 알아봅시다. 접두사 'com-'은 '함께'라는 뜻이고, 어근 'put'는 '생각하다, 계산하다'라는 뜻이고, 접미사 '-er'은 '-하는 것'이라는 뜻입니다. 따라서 컴퓨터(computer)는 함께 계산하는 것(장치)이라는 뜻입니다.

참고로 컴퓨터를 중국어로는 전뇌(電腦, 전기 전/머리 뇌, 발음은 티엔나오)라고 합니다.

어떤 문제를 함께 계산하면 어떻게 될까요? 당연히 계산을 빠르게 수행할 수 있습니다.

함께 계산한다 = 계산이 빠르다

컴퓨터를 사용하면 아무리 복잡한 계산 문제라 하더라도 아주 빠르게 연산하여 정답을 정확히 얻을 수 있습니다. 만약 아래와 같은 산수 문제가 있다고 합시다.

문제 : 3,213,455 + 123,511 × 123,524,222 - 11,454,621,586 / 161,231,616,230 = ?

사람이 직접 계산하면 머리가 아프지만, 컴퓨터를 사용하면 쉽게 문제를 풀 수가 있습니다.

여기서 잠깐!
카이스트 출신 프로그래머가 공익근무요원이 되면…

만약 여러분이 "우편물 발송 기록 4천 개를 일일이 조회해 캡처해서 정리하라"와 같은 업무지시를 받았다면 어떻게 했을까요? 어떤 분은 조회→캡처→정리를 4천 번을 하거나, 어떤 분은 그 일을 하기도 전에 포기할 것입니다. 그런데 이 어려운 일을 누군가가 클릭 단 한 번에 해결했습니다. 주인공은 고용노동부 안동지청에서 근무 중인 사회복무요원 반병현 씨입니다.

[반병현/사회복무요원 : "1년 동안 쌓여 있는 등기 우편을 전부 조회해서, 인쇄해서, 문서고에 넣어놓아라"라는 퀘스트가 (저한테) 내려온 거고 제가 해 보니까 너무 시간이 오래 걸리더라고요. '차라리 전문연을 갈 걸 그랬나…' 이럴 정도로 당황스러웠죠.]

단순하고 반복된 업무가 그의 프로그램 본능을 깨웠고 즉시 프로그램 코딩을 시작했습니다.

[반병현/사회복무요원 : 되게 쉬운 퍼즐처럼 보였어요. 프로그래밍 전공한 사람들의 직업병인데 코딩으로 해결하지 않고선 못 배기는 그런 게 있어요. (프로그램이) 돌아가게 만드는 데는 30분 정도 썼어요.]

하루 8시간씩 반년이 걸릴 일을 30분 만에 끝냈습니다. 병현 씨는 카이스트에서 인공지능으로 석사 학위를 받았는데 공부가 너무 싫다며 공익근무를 자원했다고 합니다.

2018.12.18.
출처 : SBS 뉴스

2차 세계대전이 일어났을 때, 독일군은 '이니그마(enigma)'라는 암호장치를 사용하여 서로 통신을 하였다고 합니다. 전쟁 초기, 연합군은 독일군 통신 내용을 알고 싶어 했지만, 암호가 너무 복잡하여 그 내용을 알 수가 없었어요.

독일 잠수함 유보트

이니그마

마침내 영국의 수학자 겸 논리학자인 '엘런 튜링(Alan Mathison Turing)'은 독일군 암호를 풀어낼 수 있는 라는 '콜로서스(Colossus)' 장치를 개발하게 되었어요. 콜로서스는 복잡한 계산을 빠르게 풀 수 있어 독일군 암호를 해독할 수 있었습니다. 이 기계는 지금의 컴퓨터와 유사한 개념으로 만들어졌어요. 대단하죠? 연합군은 독일군의 통신 내용들을 미리 알고 대처할 수 있었기 때문에 2차 세계대전에서 승리할 수 있었습니다. 만약 암호를 풀지 못했다면, 더 많은 사람들이 죽었을지도 모르겠네요. 앨런 튜링이 만든 암호 해독 장치는 전자 장치라기보다는 기계장치에 가까웠어요.

앨런 튜링(위), 콜로서스(아래)

그 당시 미국에서도 계산을 빨리 하는 장치를 개발했는데, 그것이 바로 최초의 컴퓨터로 인정받는 에니악(ENIAC)입니다. 1945년 개발이 완료된 에니악은 무게가 27톤, 크기는 2.4m × 0.9m × 30m, 소비전력은 150kW 정도였어요. 150kW면 중형 자동차의 엔진의 출력과 비슷해요. 에니악을 운전하기 위해서는 정말 어마어마한 전기가 필요했습니다. 하지만, 그 당시 에니악의 성능은 지금의 스마트폰보다 떨어져요.

최초의 컴퓨터로 인정받는 에니악

인간의 진화(그림 출처 : Johanna Pung)

인간이 진화를 하였듯이, 컴퓨터도 진화를 하였습니다. 그것도 엄청난 속도로 말이죠. 인텔 및 페어차일드 반도체(Fairchild Semiconductor)의 창립자인 무어(Moore)는 "마이크로칩의 성능이 매 2년마다 두 배로 증가한다"라고 말하였습니다. 이에 반해 인간의 머리는 2년마다 계산속도가 2배 빨라지지 않습니다. 인간의 머리는 발전하진 않았지만, 계산속도가 빠른 컴퓨터를 다룰 수 있게 됨으로써, 예전에는 상상할 수도 없는 엄청난 양의 데이터를 신속하게 처리할 수 있게 되었습니다.

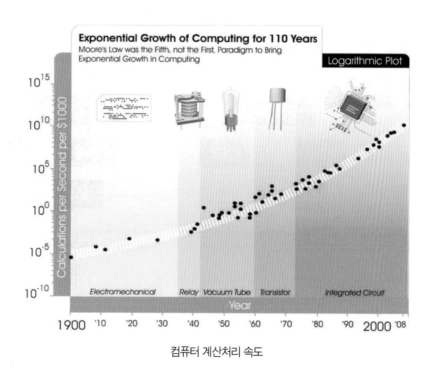

컴퓨터 계산처리 속도

◆ 컴퓨터는 어떻게 구성되어 있을까요?

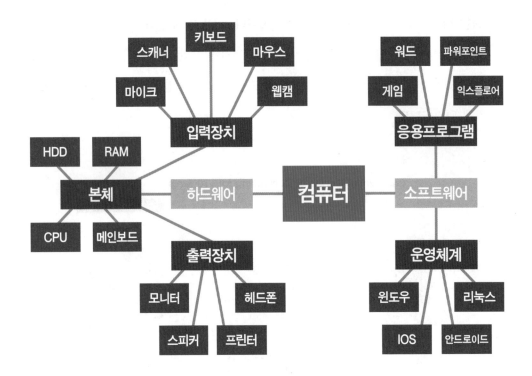

컴퓨터는 하드웨어와 소프트웨어로 구성되어 있습니다.

하드웨어란?

하드(Hard)는 '딱딱한'이라는 뜻입니다. 본체, 입력장치, 출력장치 등과 같이 전자기기·기계 장치의 몸체 그 자체를 가리킵니다.

소프트웨어란?

물리적 실체가 있는 하드웨어의 반대어입니다. 소프트(soft)는 '부드러운'이라는 뜻입니다. 윈 도우, 게임, 워드와 같이 컴퓨터를 활용하기 위한 각종 프로그램을 가리킵니다.

◆ 컴퓨터와 연결할 수 있는 것은 무엇이 있을까요?

위의 두 그림이 닮아 보이지 않나요? 그래서 이 장치를 '마우스(mouse)'라고 부릅니다. 마우스는 입력장치의 한 종류입니다. 즉, 우리는 마우스를 움직이거나 버튼을 클릭하여 컴퓨터에게 명령을 내릴 수 있습니다.

컴퓨터를 더 복잡하게 제어하고 싶으면 '키보드'라는 장치가 필요합니다. 키보드는 큰 판(board)에 키(key)들이 여러 개 붙어 있어서 키보드라고 불리게 되었습니다. 키보드 역시 마우스와 같이 입력장치입니다. 우리는 키보드를 사용하여 컴퓨터에 문자를 쉽게 입력할 수 있습니다.

우리는 컴퓨터가 계산한 결과들을 '모니터'를 통해 시각적으로 볼 수 있습니다. 그래서 모니터
는 출력장치의 한 종류입니다.

또 다른 출력장치로는 '헤드셋' 및 '스피커'가 있습니다. 우리는 컴퓨터에서 생성하는 소리를
헤드셋이나 스피커로 들을 수 있습니다.

마인크래프트를 재미있게 즐기려면 컴퓨터 본체와 함께 지금까지 배웠던 입력장치와 출력장치가 필요합니다. 마인크래프트를 즐기기에 앞서 여러분 앞에 있는 장비들과 소프트웨어를 체크해 봅시다.

구분	구성품
하드웨어	컴퓨터 본체
	모니터
	마우스
	키보드
	헤드셋(혹은 스피커)
소프트웨어	운영체계(윈도우)
	응용프로그램(마인크래프트)

자~ 이제 모든 준비가 되었다면 마인크래프트 세계로 빠져 봅시다.

2
코딩

Welcome　欢迎光临　Bienvenue

Bienvenidos　✋　Willkommen

Добро пожаловать　Hoş geldiniz

Benvenuti　Welkom　Dobrodošli

歡迎光臨　Bem-vindo　ようこそ

Bonvenon　Witamy　أهلاً و سهلاً

Aloha　Selamat datang　ברוך הבא

Được tiếp đãi ân cần　환영합니다

같은 뜻이지만, 다른 언어들로 표현할 수 있습니다.

만약 여러분이 외국 사람과 대화를 하고 싶다면 무엇이 가장 필요할까요? 바로 언어입니다. 즉, 상대방 국가의 언어를 잘 알고 있든지 아니면 '영어'처럼 서로가 공용어를 사용할 수 있어야 합니다. 그것도 아니라면 보디랭귀지(body language)라도 할 줄 알아야 의사소통이 됩니다.

미국에서는 '오케이', 한국에서는 '돈'이라는 뜻

하지만 이 그림처럼 간단한 보디랭귀지라 할지라도, 동일한 제스처에 대하여 시로가 다르게 이해할 수도 있습니다. 결론적으로 쉬운 언어/어려운 언어를 떠나, 상대방과 내가 동일한 언어 체계를 이해하고 있을 때만 정확한 의사 전달이 가능합니다. 그럼 컴퓨터와 대화를 하려면 (=일을 시키려면) 어떻게 해야 할까요? 앞에서 배웠듯이 입력장치인 키보드와 마우스를 사용하면 쉽고 간단한 명령들을 컴퓨터에게 지시할 수 있습니다(예: 음악듣기, 인터넷 쇼핑).

하지만 그러한 명령들은 누가 이미 만들어 놓은 프로그램 안에서만 가능합니다. 만약 컴퓨터에게 새로운 명령, 나만의 명령을 내리고 싶다면 어떻게 해야 할까요? 컴퓨터가 알아들을 수 있는 명령어를 직접 만들어 컴퓨터에 명령을 내려야 합니다.

아무리 빠르고 비싼 컴퓨터라 할지라도 인간이 제대로 된 명령을 내려주지 않으면
단순한 고철덩어리에 불과합니다.

컴퓨터는 1과 0만 이해할 수 있습니다.

안타깝게도 컴퓨터는 1과 0만 이해할 수 있습니다(이것을 2진수라고 합니다). 그럼 왜 컴퓨터는
2진수로 된 언어를 쓰는 걸까요? 그 이유는 컴퓨터가 일처리를 오류 없이 정확하게 수행하기

위해서입니다. 전구가 포함된 전기회로를 예를 들어 생각해 보도록 하죠. 만약 전구에 불이 들어오면 '1', 꺼지면 '0'을 의미한다고 가정합시다. 모두가 이러한 규칙을 정확히 이해하고 있다면, 여러분은 전구의 불을 켜고 끄는 횟수와 시간을 조정하며 멀리 있는 상대방과 대화를 할 수 있습니다. 전구의 불은 켜지면 켜진 것이고, 꺼지면 꺼진 것이지 그 중간이 없습니다. 어중간한 중간이 없으니, 오류 없이 자기 의사를 전달할 수 있습니다.

이것은 마치 모스 부호와 비슷한 개념입니다. 컴퓨터도 전구와 유사한 방식으로 대화하도록 개발되어 왔습니다. 인간이 사용하는 모든 문자나 숫자는 반드시 1(on)과 0(off)로 변환해야지만, 컴퓨터가 제대로 이해할 수 있습니다. 1과 0으로만 대화하는 방식이 컴퓨터에게는 좋을지 모르겠지만, 우리 인간이 사용하기에는 아주 어렵고 불편한 방식입니다. 그렇다면 인간과 컴퓨터가 쉽게 대화할 수 있는 방법은 없을까요?

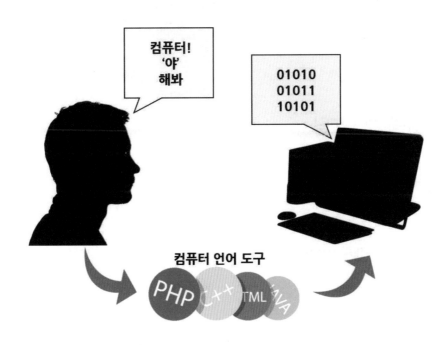

인간이 컴퓨터와 대화를 하려면 컴퓨터 언어도구가 필요합니다.

다행스럽게도, 사람들은 컴퓨터와 쉽게 대화할 수 있도록 '컴퓨터 언어 도구'라는 것을 만들어 났습니다. 컴퓨터 언어 도구는 컴퓨터 소프트웨어의 한 종류로서, 이것을 사용하면 영어, 숫자 등으로 구성된 명령어(사람이 이해하기 쉬운 명령어)를 컴퓨터가 이해할 수 있는 명령어(컴퓨터가 이해하기 쉬운 명령어)로 쉽게 바꿀 수 있습니다.

코딩이란, '컴퓨터 프로그래밍'과 같은 의미로서, 컴퓨터 언어 도구를 사용하여 컴퓨터가 알아들을 수 있도록 정해진 규칙에 따라 작성된 명령의 조합을 말합니다.

잘 알려진 컴퓨터 언어 도구로는 자바(JAVA), 파이썬(Python), 비주얼 베이직(visual basic) 등이 있습니다. 즉, 우리가 자바, 파이썬 등의 소프트웨어를 사용하여 정해진 규칙에 따라 명령어를 작성(←이게 코딩입니다)하면 컴퓨터가 이해할 수 있는 언어로 바꿀 수 있습니다.

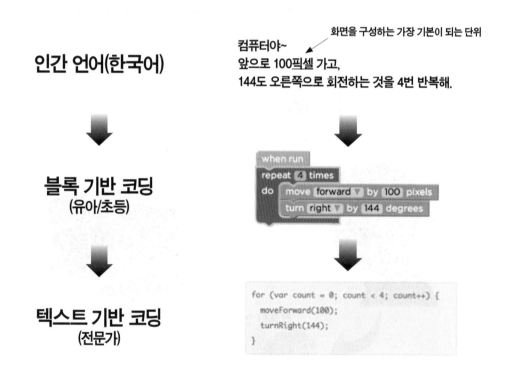

이러한 컴퓨터 언어 도구(자바, 파이썬 등) 덕분에 컴퓨터와의 대화가 쉬워지긴 했으나, 대부분 텍스트 기반의 코딩 프로그램이라서 어린 유아들이 배우고 익히기가 상당히 어렵습니다. 하지만 최근에는 스크래치(Scratch), 엔트리(Entry), 메이크코드와 같이 그래픽 위주의 블록형 코딩 프로그램이 개발되어 컴퓨터를 처음 접한 유아들도 코딩을 쉽게 배워 활용할 수 있게 되었

습니다.

그럼 코딩을 잘하기 위한 방법에는 무엇이 있을까요?

이것은 크게 2가지 요소로 생각해 볼 수 있습니다.
① 우리가 사용하고자 하는 컴퓨터 언어 도구의 규칙을 잘 이해해야 함.
② 논리적인 사고를 바탕으로 수학을 잘해야 함.

첫 번째 요소에 대해 더 자세히 알아봅시다.
만약 내가 '스크래치'라는 프로그램으로 코딩을 한다면, 스크래치 규칙에 맞게 명령 블록을 조합해야 컴퓨터가 이해할 수 있습니다.
이것은 각각의 코딩 프로그램마다 각자의 규칙이 정해져 있기 때문입니다.
만약 '엔트리'에서만 사용할 수 있는 규칙을 스크래치에서 사용했다면, 스크래치는 컴퓨터가 이해하는 언어로 변환시켜 주지 못합니다.
엉뚱한 규칙으로 명령어를 조합하면 컴퓨터에서 에러가 발생합니다.
로마에서는 로마법을 따라야 한다는 것과 같은 이치입니다.

그럼 두 번째 요소인 수학에 대해서도 알아봅시다.
코딩과 수학은 아무런 관계가 없어 보이지만, 사실 아주 밀접한 관계가 있습니다.
예를 들어 설명해 보겠습니다.
1부터 100까지의 자연수를 모두 더하는 문제가 있습니다.
제일 쉬운 방법으로는⋯ 먼저 1에 2를 더한 후,
그 결과값에 3을 더하고,
그 결과값에 4를 더하고,
그 결과값에 5를 더하는 식으로⋯ 100까지 주욱~ 더하면 됩니다.

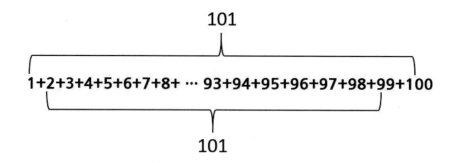

또 다른 방법으로는(조금 더 고차원적인 방법으로는) 1과 100을 더한 후, 그 결과값에 50을 곱하면 됩니다. (101이 50개 있으므로) 이것은 수학자인 가우스(Gauss)가 어린 시절에 제시했던 계산 방식입니다. 컴퓨터 입장에서 볼 때, 위의 두 가지 방식 중 어떤 게 계산이 빠를까요? 당연히 2번째입니다. 이것이 바로 알고리즘(algorithm)의 힘입니다. 알고리즘의 뜻은 '주어진 문제를 논리적으로 해결하기 위해 필요한 절차, 방법, 명령어들을 모아 놓은 것'입니다. 수학을 잘하면, 가우스처럼 좋은 알고리즘을 개발할 수 있습니다. 코딩을 잘한다는 것은 자신이 의도하는 것을 정확히 컴퓨터에게 명령할 수 있고, 좋은 알고리즘으로 컴퓨터의 계산 시간을 줄일 수 있다는 것을 의미합니다. 그래서 수학이 필요한 것입니다.

3

프로그래밍

◆ 프로그래밍을 잘하기 위해 논리적으로 생각하는 법을 배워 봅시다

코딩(프로그래밍)을 잘하기 위해서는 나도 컴퓨터와 똑같은 방식으로 생각하는 법을 배워야 합니다. 컴퓨터와 같은 사고방식을 '컴퓨팅 사고력(computational thinking)'이라고 합니다. 구체적으로는 '컴퓨팅 사고력'이란, 컴퓨터로 실행하여 문제를 해결하는 것을 목표로 논리적이고 알고리즘적으로 문제를 풀어 가는 능력을 말합니다. 여러분은 컴퓨팅 사고력을 향상시키기 위하여 간단한 체험활동을 통해 시퀀스(순서, sequence), 루프(반복, loop) 등을 사용한 알고리즘을 배워 볼 것입니다.

① 문제의 인식

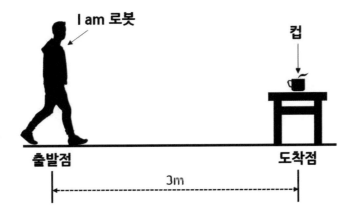

인간과 똑같이 생긴 로봇이 있습니다. 이 로봇은 지금 소프트웨어가 없어서 움직일 수 없습니

다. 여러분이 로봇에 소프트웨어를 넣어 주어야 합니다. 출발점에 서 있는 로봇을 3m 앞의 도착점으로 이동시킨 후, 컵을 들고 다시 출발점에 돌아올 수 있도록 프로그래밍 해 봅시다.

② 프로그래밍 해 보기

※ 로봇은 인간이 아닙니다. "야! 컵 가지고 와." 이런 말로는 제대로 움직일 수 없어요. 구체적으로 명령해 주세요.

순번	명령의 대상 (어떤 부위를)	명령어 (어떻게 움직이세요)
1	예) 왼발을	예) 한 걸음 걸으세요
2		
3		
4		
5		
6		
7		
8		
9		
10		
11		
12		
13		
14		
15		

③ 부모와 아이가 짝을 이룹니다.

④ 한 명은 프로그래머, 한 명은 로봇이 되어 봅시다.

[프로그래머]　　　　　　　[로봇]

프로그래머는 자신의 표에 적혀 있는 명령어를 순서대로 천천히 읽습니다. 로봇은 그 명령어
에 따라 순서대로 행동하시면 됩니다. 이때 프로그래머는 표에 적힌 명령어를 말로만 설명해
야 합니다. 상대방에게 행동으로 설명해서는 안 됩니다. 로봇은 오로지 프로그램에 의한 명
령에 따라 움직여야 합니다.

⑤ 한번 끝나고 나면 상대방과 역할을 바꿔서 해 봅니다.

[로봇] [프로그래머]

⑥ 누구의 프로그램이 컵을 들고 오게 하였나요?

◆ 여러분이 만든 프로그램을 더 간단히 만들어 봅시다

만약 로봇이 3m 앞 컵의 위치까지 이동하기 위하여 다음과 같이 프로그래밍을 하였다고 가정합니다.

-왼발을 한 걸음 내딛으시오.

-오른발을 한 걸음 내딛으시오.

-왼발을 한 걸음 내딛으시오.

-오른발을 한 걸음 내딛으시오.

-왼발을 한 걸음 내딛으시오.

-오른발을 한 걸음 내딛으시오.

이 명령어 중에는 똑같은 반복되는 문장이 있습니다. 무엇인가요? 그렇습니다. '왼발을 한 걸음 내딛으시오'와 '오른발을 한 걸음 내딛으시오'입니다. 두 문장을 한 쌍으로 볼 때, 총 3번을 반복합니다. 그럼 이 명령어를 다음과 같이 적을 수 있을 것입니다.

-괄호 안의 명령을 3번 반복 수행하세요.

-{왼발을 한 걸음 내딛으시오. 오른발을 한 걸음 내딛으시오.}

처음의 6개 문장으로 된 명령어가, 단 3개의 문장으로 표현될 수 있습니다. 만약 로봇이 100 걸음을 가야 하는 상황이면 어떨까요? 첫 번째 방법은 100개의 문장을 모두 적어야 하지만, 두 번째 방법은 여전히 3개의 문장으로 표현할 수 있습니다. 나중에 다시 배우겠지만, 지정한 문장들을 여러 번 반복할 수 있도록 하는 프로그램 명령문을 반복문(루프 loop)이라고 합니다. 컴퓨터는 이런 방식으로 표현해 주는 것을 좋아합니다. 따라서 실력 있는 프로그래머(코딩을 하는 사람)란, 이 같은 문장으로 인간의 명령을 멋지게 표현하는 사람이라는 뜻입니다.

◆ 프로그래머의 실력은 반복문과 조건문에서 나옵니다

앞에서 배웠듯이 반복문을 활용하여 코딩을 한 후 컴퓨터에게 명령하면, 컴퓨터는 지시한 내용을 원하는 횟수만큼 반복하여 수행합니다. 하지만 우리는 이것을 보고 컴퓨터가 똑똑하다고 말하지 않습니다. 그럼 왜 우리는 컴퓨터가 똑똑하다고 생각할까요? 지능측면에서 볼 때, 컴퓨터의 기억력은 인간보다 더 뛰어납니다. 컴퓨터는 인간보다 더 방대한 양의 데이터를 저장할 수 있고, 오랫동안 보관했던 데이터를 필요할 때마다 꺼내 쓸 수 있습니다.

하지만 컴퓨터가 똑똑해지려면 기억력 말고 또 하나의 중요한 능력이 필요합니다. 바로 판단력입니다. 판단력이란, 논리나 기준 등에 따라 판정할 수 있는 능력을 말합니다. 프로그래머는 컴퓨터가 올바른 판단을 할 수 있도록 코딩으로 가르쳐 줘야 합니다. 이때 필요한 것이 바로 조건문입니다. 다시 실습을 통해 조건문에 대해 생각해 봅시다.

① 문제의 인식

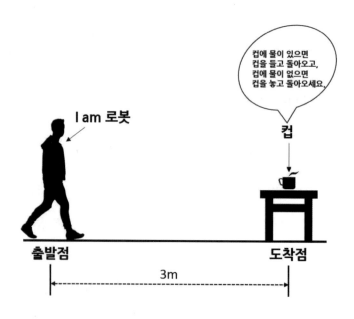

이전과 동일한 상황입니다. 다만 이번에는 조건이 있습니다. 만약 컵에 물이 있으면 컵을 들

고 오고, 컵에 물이 없으면 그냥 빈손으로 돌아오도록 합시다.

② 프로그래밍 해 보기

※ 로봇은 인간이 아닙니다. "야! 컵 가지고 와." 이런 말로는 제대로 움직일 수 없어요. 구체적으로 명령해 주세요.

순번	명령의 대상 (어떤 부위를)	명령어 (어떻게 움직이세요)
1	예) 왼발을	예) 한 걸음 걸으세요
2		
3		
4		
5		
6		
7		
8		
9		
10		
11		
12		
13		
14		
15		

③ 부모와 아이가 짝을 이룹니다.

④ 한 명은 프로그래머, 한 명은 로봇이 되어 봅시다.

프로그래머는 자신의 표에 적혀 있는 명령어를 순서대로 천천히 읽습니다. 로봇은 그 명령어에 따라 순서대로 행동하시면 됩니다. 이때 프로그래머는 표에 적힌 명령어를 말로만 설명해야 합니다. 상대방에게 행동으로 설명해서는 안 됩니다. 로봇은 오로지 프로그램에 의한 명령에 따라 움직여야 합니다.

⑤ 한번 끝나고 나면 상대방과 역할을 바꿔서 해 봅니다.

[로봇]　　　　　　　　[프로그래머]

⑥ 상대방 로봇이 제대로 판단하고 동작하였나요?

여러분이 작성한 프로그래밍 표에서 조건문은 어떤 것인가요? (몇 번째 명령어인가요?) 지금은 단순하게 1개의 조건문을 사용하였지만, 만약 2~3개의 조건문을 연결하여 사용하면, 컴퓨터에게 더 복잡한 판단을 맡길 수 있습니다. 예를 들어 생각해 봅시다.

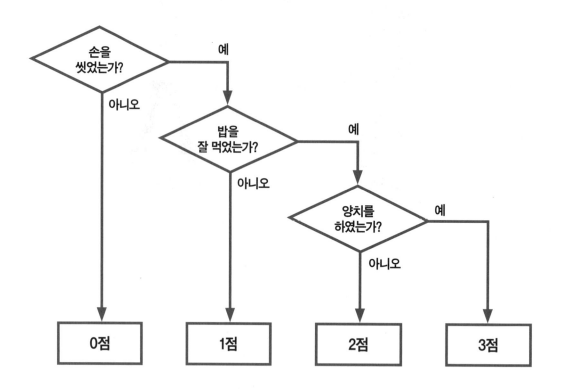

위의 그림과 같이 조건문을 사용하면 행동에 따라 0점에서 3점까지 점수를 부여할 수 있습니다. 만약 조건문을 더 많이 사용하면 더욱 다양한 점수를 줄 수도 있습니다. 지금까지 살펴본 것과 같이 컴퓨터 코딩에 있어서 반복문과 조건문은 가장 핵심적인 명령어입니다. 아무리 복잡하게 작성된 코딩이라 할지라도 그 내부를 뜯어보면 반복문과 조건문으로 이루어져 있습니다. 따라서 그것을 어떻게 사용하느냐에 따라서 컴퓨터 코딩 능력이 좌우된다고 보시면 됩니다.

4

마인크래프트

◆ 마인크래프트(minecraft)

마인크래프트는 'Mojang 스튜디오'라는 회사에서 2011년에 정식 발매한 샌드박스(sandbox) 형식의 비디오 게임입니다. 마인크래프트는 모든 것이 네모난 블록으로 이루어진 세계(흔히 월드라고 합니다)에서 생존과 건축을 할 수 있도록 높은 자유도를 가지고 있습니다. (여기서 '자유도'라는 것은 게임회사가 정해 놓은 규칙 안에서만 플레이 하는 것이 아니라 플레이어가 직접 원하는 방식의 게임을 진행할 수 있다는 뜻입니다. 예를 들어 '브롤스타즈'라는 게임은 마인크래프트에 비하여 자유도가 아주 낮은 게임입니다.)

2020년 기준으로 PC, 스마트폰, XBOX에서 2억 장 이상 판매되어 역대 가장 많이 팔린 비디오 게임으로 기록되어 있습니다. 2019년 9월 한 달 동안 활동하는 평균 유저 수가 무려 1억 1,200만 명을 돌파할 정도로 전 세계에서 가장 유명하고 인기가 높은 게임 중에 하나입니다.

이제 이 게임에 대해서 조금 더 자세히 알아보도록 하겠습니다. 마인크래프트를 시작하면 다음과 같은 첫 화면을 보실 수 있습니다.

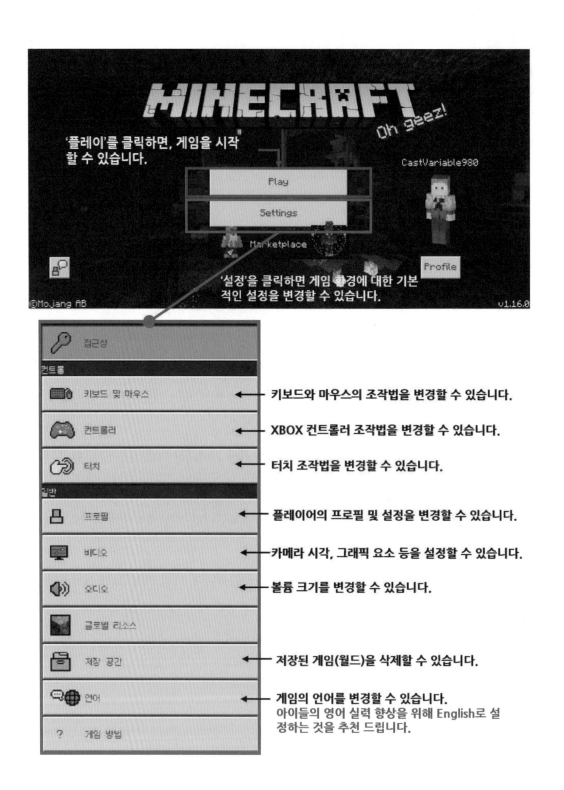

'플레이'를 클릭하면, 게임을 시작
할 수 있습니다.

CastVariable980

Play

Settings

Marketplace

Profile

©Mojang AB

'설정'을 클릭하면 게임 환경에 대한 기본
적인 설정을 변경할 수 있습니다.

v1.16.0

접근성

컨트롤

키보드 및 마우스 ◀── 키보드와 마우스의 조작법을 변경할 수 있습니다.

컨트롤러 ◀── XBOX 컨트롤러 조작법을 변경할 수 있습니다.

터치 ◀── 터치 조작법을 변경할 수 있습니다.

일반

프로필 ◀── 플레이어의 프로필 및 설정을 변경할 수 있습니다.

비디오 ◀── 카메라 시각, 그래픽 요소 등을 설정할 수 있습니다.

오디오 ◀── 볼륨 크기를 변경할 수 있습니다.

글로벌 리소스

저장 공간 ◀── 저장된 게임(월드)을 삭제할 수 있습니다.

언어 ◀── 게임의 언어를 변경할 수 있습니다.
아이들의 영어 실력 향상을 위해 English로 설
정하는 것을 추천 드립니다.

? 게임 방법

여기서 잠깐!

마인크래프트를 시작하기 전에, 우리 아이들의 영어 실력 향상을 위하여 사용 언어를 '한글'에서 '영어'로 변경해 주시면 좋습니다. 마인크래프트는 자유도가 아주 높은 게임입니다. 실생활에서 볼 수 있는 다양한 재료, 사물(물건), 동물, 식물들이 그대로 게임 속에 존재하고 있습니다. 언어의 측면에서 보자면, 마인크래프트에는 '명사'에 해당하는 것들을 아이템으로 획득/사용할 수 있습니다. 따라서 부모님께서 마인크래프트를 처음으로 아이들에게 노출시켜 줄 때, 사용 언어를 '한국어'에서 '영어'로 변경해 주시면, 우리 아이들은 거부감 없이 재료, 사물, 동물, 식물에 대한 영단어를 자신도 모르게 배우고 익히게 됩니다. 예를 들어 'apple'이라는 영단어를 외운다고 가정해 봅시다. 대부분의 가정이나 학원에서는 'apple'은 '사과'라고 외울 것입니다. 그러면 우리 아이들은 어쩔 수 없이 '영어→한국어→사과 이미지' 순으로 사고하며 머릿속에 apple를 기억해 둘 것입니다. 하지만 이것은 원어민이 영단어를 기억하는 방식이 아닙니다. 원어민이 단어를 외울 때는 중간단계가 없습니다. 즉, '사과'라는 한국어가 생략되고 단순하게 'apple→사과 이미지'로 기억합니다. 마인크래프트는 아주 집중이 높은 상태에서 원어민 방식으로 영단어를 기억하게 합니다.

마인크래프트를 통해 식판석으로 냉난어를 외울 수 있습니다

마인크래프트에서 사과 이미지에 마우스를 가져가면 'apple'이라는 영단어가 표시됩니다. 우리 아이들은

게임을 하면서 자연스럽게 'apple'이라는 단어가 사과를 의미한다는 것을 배울 수 있게 됩니다. 필자의 아들도 마인크래프트로 게임/코딩을 하며 영단어를 배우고 익혔습니다. 게임이 주는 집중력 덕분에, 스트레스 없이 많은 영단어를 암기할 수 있었습니다.

하지만 아무리 좋은 게임이라도 부모의 통제 없이 접하게 될 경우, 여러 부작용이 발생할 수 있습니다. 그냥 아이에게 책을 던져 주며 마인크래프트로 코딩을 연습하라고 말하지 말고, 부모의 통제 아래에서 마인크래프트를 즐기도록 하셔야 합니다. 그러면 마인크래프트는 기대 이상으로 많은 장점을 가져다줄 것입니다.

◆ 키보드 조작법

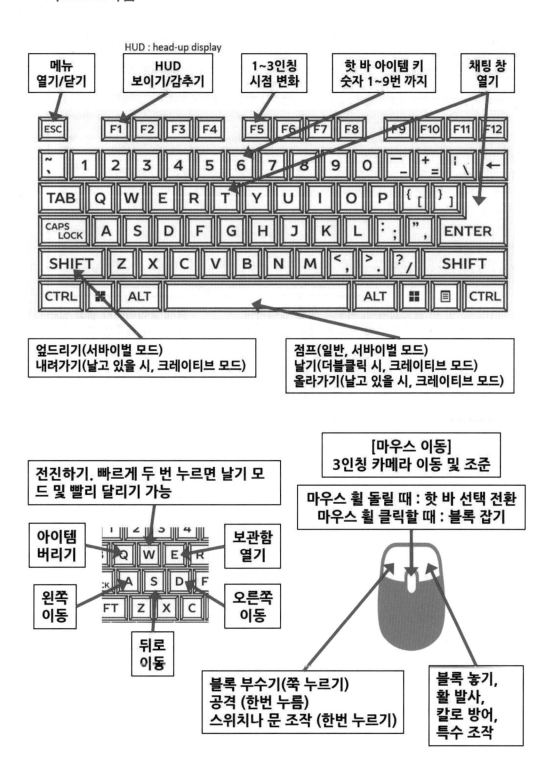

HUD : head-up display

메뉴 열기/닫기

HUD 보이기/감추기

1~3인칭 시점 변화

핫 바 아이템 키 숫자 1~9번 까지

채팅 창 열기

엎드리기(서바이벌 모드)
내려가기(날고 있을 시, 크레이티브 모드)

점프(일반, 서바이벌 모드)
날기(더블클릭 시, 크레이티브 모드)
올라가기(날고 있을 시, 크레이티브 모드)

전진하기. 빠르게 두 번 누르면 날기 모드 및 빨리 달리기 가능

아이템 버리기

보관함 열기

왼쪽 이동

오른쪽 이동

뒤로 이동

[마우스 이동]
3인칭 카메라 이동 및 조준

마우스 휠 돌릴 때 : 핫 바 선택 전환
마우스 휠 클릭할 때 : 블록 잡기

블록 부수기(쭉 누르기)
공격 (한번 누름)
스위치나 문 조작 (한번 누르기)

블록 놓기,
활 발사,
칼로 방어,
특수 조작

**플레이어는 '+'가 위치한 블록에 대해 작업을 수행할 수 있습니다.
작업 대상인 블록은 검은 외곽선으로 표시가 됩니다.**

위치: 698, 69, 285

검은 외곽선

십자선

**핫 바 슬롯입니다. 마우스 휠을 돌리거나,
숫자 1~9번을 누르면 슬롯을 변경할 수 있습니다.**

**현재 플레이어가 들고 있는
아이템이나 블록을 보여줍니다.**

블록은 마인크래프트의 기본 구조 단위입니다. 블록의 크기는 가로, 세로, 높이가 1m이고, 부피는 1입방미터(㎥)입니다. 이러한 블록이 3차원으로 배열되어 다양한 구조물 혹은 환경을 구축합니다. 일반적으로 각 블록은 정확히 하나의 요소만 포함합니다(예를 들어 한 개의 블록이 '모래'나 '물'의 블록을 동시에 나타낼 수 없습니다). 플레이어는 다양한 방식으로 블록을 수확하여 재활용할 수 있습니다.

5

코드 커넥션

◆ 코드 커넥션 프로그램 다운 받아 설치하기

코딩으로 마인크래프트 월드를 제어하려면 코드커넥션이라는 프로그램이 필요합니다.
코드커넥션은 마이크로소프트 홈페이지에서 무료로 다운로드 받을 수 있습니다.

https://www.microsoft.com/ko-kr/

마이크로소프트 홈페이지를 통해 프로그램 인스톨 파일을 설치하면 'Code connection for Minecraft'라는 항목이 생성됩니다. 코드커넥션 프로그램을 실행하기에 앞서, 마인크래프트를 먼저 실행시켜 주세요.

◆ 마인크래프트와 코드커넥션 연동하기

먼저 마인크래프트를 실행시킵니다. 첫 화면이 나오면 플레이(Play)를 클릭합니다.

새로 만들기(Create New)를 클릭합니다.

새 월드 만들기(Create New World)를 클릭합니다.

게임모드를 '크리에이티브(Creative)', 난이도를 '평화로움(Peaceful)'으로 설정한 다음 '만들기
(Create)'를 클릭합니다.

게임이 시작되면 'T'를 눌러 채팅창을 띄웁니다.

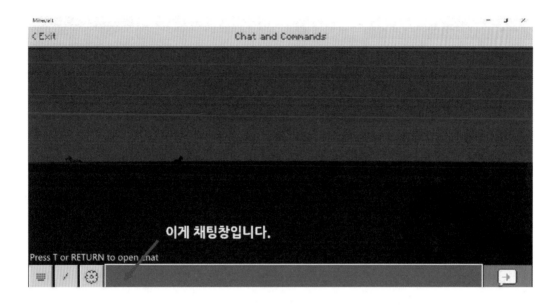

코드커넥션(code connection) 프로그램을 실행시킵니다. 복사 버튼을 눌러 주소를 복사합니다.

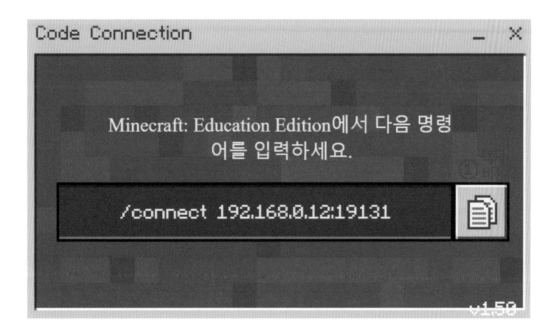

마인크래프트로 다시 돌아와서 채팅창을 클릭한 후, '컨트롤키+V키'를 누릅니다.

아래의 버튼을 눌러 명령어를 실행시킵니다.

다시 코드커넥션 프로그램으로 돌아갑니다. 그러면 아래의 화면처럼 메뉴가 생성되어 있는 것을 볼 수 있습니다. 메이크코드(MakeCode)를 클릭합니다.

메이크코드 프로그램이 실행되는 것을 볼 수 있습니다.

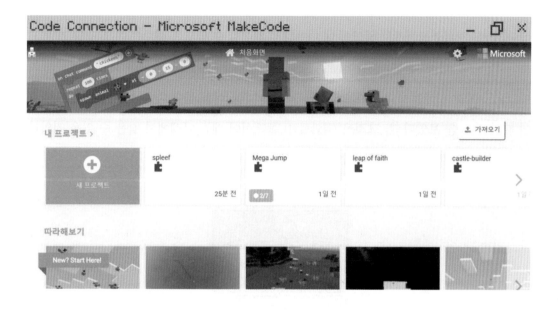

◆ 메이크코드 인터페이스

메이크코드는 마인크래프트 월드를 내 마음대로 제어할 수 있도록 해주는 블록 코딩 기반 프로그램입니다. 다른 사람이 만들어 놓은 프로그램을 빠르게 이해하고 따라 하기 위해서는 메이크코드 메뉴의 '색깔'을 유심히 살펴보는 게 좋습니다. 예를 들어 다른 사람이 만든 코딩 중에 파란 블록을 보았다면, 그것은 (파란색인) 플레이어 메뉴 아래에서 찾을 수 있을 것입니다. 만약 그렇게 해도 찾기 힘들다면 [검색] 메뉴를 사용해도 됩니다.

여기서 잠깐!

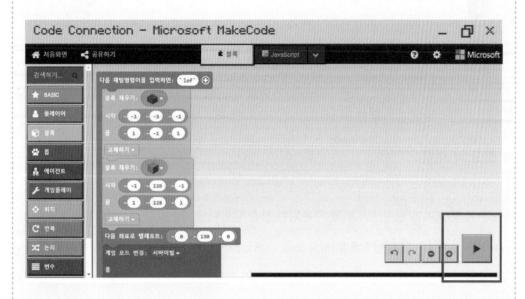

메이크코드에서 프로그램 작성을 완료한 후, 마인크래프트에서 실행을 시켜보고 싶으면 반드시 녹색의 플레이 버튼을 클릭한 다음 진행해야 합니다. 이 버튼이 클릭되지 않은 채 마인크래프트에서 채팅창을 열어 명령어를 적어 넣으면 프로그램이 제대로 작동하지 않습니다.

6

좌표

◆ 좌표의 개념

좌표는 특정 위치를 지정하기 위해 사용되는 값을 말합니다(마인크래프트에서의 특정 위치는 바로 플레이어의 위치입니다). 일반적으로 사람들은 1차원, 2차원, 3차원 좌표를 많이 사용하고 있습니다. 1차원 좌표는 직선에서의 점의 위치를 나타내기 위해 사용됩니다. X축을 사용하여 점의 위치를 (x)로 표현합니다. 예를 들어 철도로 다니는 기차는 1차원 좌표로 위치를 정의할 수 있습니다. 2차원 좌표는 평면에서의 점의 위치를 나타내기 위해 사용됩니다. 원점에서 만나는 X축(가로)과 Y축(세로)을 사용해서 점의 위치를 (x, y)로 표현합니다. 바다 위를 떠다니는 배는 2차원 좌표로 위치를 정의할 수 있습니다. 3차원 좌표는 공간에서의 점의 위치를 나타내기 위해 사용됩니다. 입체공간에서는 X축, Y축, Z축을 사용해서 점의 위치를 (x, y, z)좌표로 표현합니다. 물속을 다니는 잠수함이나 하늘을 날아다니는 비행기는 3차원 좌표로 그 위치를 정의할 수 있습니다. 마인크래프트에서의 월드는 공간으로 구성된 환경이므로 3차원 좌표를 사용하고 있습니다.

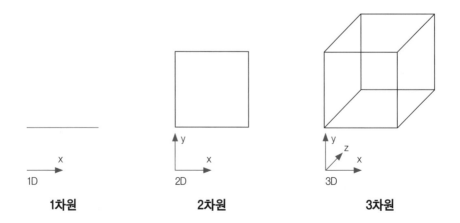

1D	2D	3D
1차원	**2차원**	**3차원**

◆ 마인크래프트 좌표

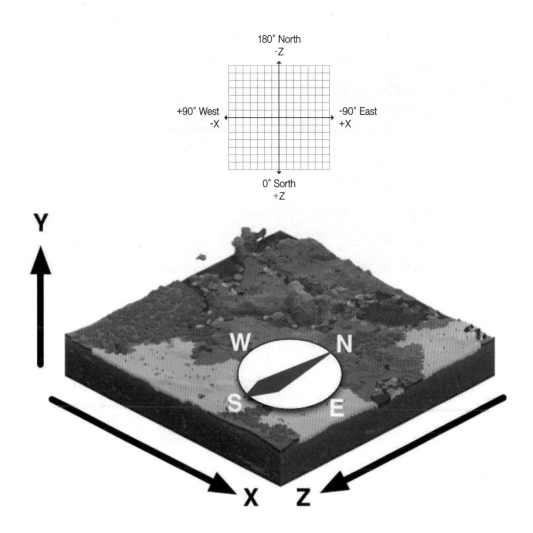

x축은 플레이어의 원점의 동쪽(양) 또는 서쪽(음) 거리를 나타냅니다.

z축은 플레이어의 원점에서 남쪽(양수) 또는 북쪽(음수)의 거리를 나타냅니다.

y축은 플레이어가 얼마나 높은지 낮은지(0에서 255까지, 64는 해수면)를 나타냅니다.

세 축의 난위 실이는 한 블록의 측면과 같습니다. 실제 측정 측면에서 흰 블록은 1입방미터 (m³)와 같습니다. 여러분의 오른쪽 손을 사용하면 마인크래프트의 좌표계(가운데=x, 엄지=y, 검지=z)를 쉽게 기억할 수 있습니다.

좌표 정보가 없으면, 현재의 나의 위치를 정확히 알 수 없습니다.

**클릭하여 막대를
오른쪽에
위치시킵니다.**

'ESC'를 누름 → '설정' 클릭 → '게임' 클릭 → '좌표 보기' 선택하여 좌표를 켜 주세요.

화면 좌측 상단에 플레이어의 좌표 정보가 나타나는지 확인합니다. 첫 번째 숫자가 x좌표, 두 번째 숫자가 y좌표, 세 번째 숫자가 z좌표입니다.

여기서 잠깐!

반드시 게임화면에서 좌표가 보이도록 설정해 주세요. 수학이나 과학에서 좌표는 아주 중요합니다. 특히 과거부터 과학자들은 물체의 운동에 대해서 깊은 관심을 가져왔습니다. 물체가 운동을 설명하는 데 있어 가장 중요한 요소는 바로 위치입니다. 따라서 아주 오래전부터 좌표를 통해 물체의 위치를 기술하여 왔기에, 좌표를 제대로 알지 못하고서는 수학과 과학을 제대로 설명할 수가 없었습니다.

마인크래프트는 좌표를 직관적으로 이해할 수 있는 훌륭한 도구입니다. 게임할 때 좌표를 보면서 플레이하는 습관을 기르면 나중에 수학과 과학을 아주 쉽게 이해할 수 있습니다. 마인크래프트의 월드는 생각보다 넓기 때문에 플레이어가 길을 잃어버리기 십상입니다. 이때마다 부모님께서는 좌표의 위치를 보면서 플레이어가 이동하는 방향을 확인하는 방법을 지도해 주세요. 그러다 보면 아이들은 굳이 설명하지 않아도 머릿속에 3차원 공간 좌표를 쉽게 그릴 수 있게 됩니다.

[절대 좌표]

좌푯값을 '~' 표시 없이 숫자로만 쓰면 절대 좌표입니다. 이것은 월드의 특정 위치를 나타냅니다. 마인크래프트에서는 '월드(119, 76, 237)'라고 표시합니다.

 ← 좌표 앞에 '월드'가 있으면 절대좌표를 의미하며,
원점을 기준으로 특정 위치를 나타냅니다.

[상대 좌표]

물결표 '~' 표기법으로 좌표를 쓰면 게임에서 상대 좌표입니다. 예를 들어 (~1, ~2, ~1)은 현재 플레이어 위치에서 1 블록 동쪽, 2 블록 위쪽, 1 블록 남쪽인 위치를 나타냅니다.

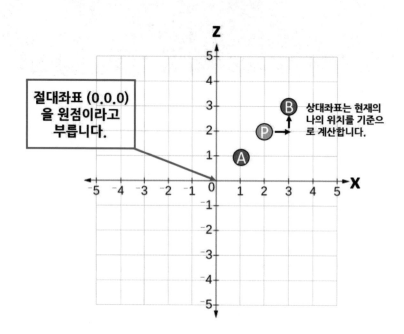

플레이어가 (2, 0, 2)에 위치(P지점)하고 있다고 가정합니다. 만약 여러분이 플레이어를 '월드(1, 0, 1)로 이동하라'라고 한다면, 플레이어는 A지점으로 이동하게 되고, '(~1, ~0, ~1)로 이동하라'라고 한다면, 플레이어는 B지점으로 이동하게 됩니다. 즉, 상대좌표를 사용하여 현재의 플레이어를 기준으로 x, y, z 방향으로 몇 칸 이동할지를 결정하게 됩니다.

 ← 좌표 앞에 '~'가 있으면 상대좌표를 의미하며,
나의 위치를 기준으로 상대적 위치를 나타냅니다.

[시작좌표와 끝좌표]

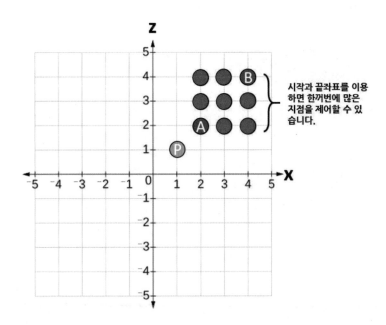

시작과 끝좌표를 이용하면 한꺼번에 많은 지점을 제어할 수 있습니다.

마인크래프트에서는 시작과 끝 좌표를 이용하여 여러 개의 지점을 한꺼번에 제어할 수 있습니다. 예를 들어 플레이어가 월드(1, 0, 1)[P지점]에 위치하고 있다고 가정합니다.

플레이어가 '시작'을 (~1, ~0, ~1)[녹색 A지점], '끝'을 (~3, ~0, ~3)[녹색 B지점]이라고 설정하면, 위의 그림처럼 총 9개의 지점을 한꺼번에 지정하여 제어할 수 있습니다. 예를 들어 일반적인 방법으로 위의 9개 지점에 대해 플레이어가 꽃을 심으려면, 먼저 플레이어가 해당 지점까지 이동하고, 매 지점마다 마우스를 클릭해야 합니다.

하지만 시작/끝 좌표를 활용하여 코딩한 경우에는 한꺼번에 9개 지점에 꽃을 심을 수 있습니다. 이러한 방식은 반복 작업을 해야 할 면적이 넓을수록 더 유용하게 사용할 수 있습니다.

[상대좌표로 꽃밭 만들어 보기]

가장 먼저 해야 할 일은 플레이어가 소환된 월드에서 평지를 찾는 것입니다. 평지를 찾았다면, 나의 위치를 확인합니다. 왼쪽 상단에 표시되어 있는 나의 좌표를 확인하여 아래 빈칸에 적어 봅시다. 이때 화면에 표시되는 나의 좌표는 절대좌표입니다.

지금 여러분의 좌표는 무엇입니까?

x=[   ], y=[   ], z=[   ]

참고로 여러분이 작성한 좌푯값은 이 책의 값과 다를 수도 있고, 주위의 친구들과도 다를 수 있습니다. 마인크래프트는 플레이어가 처음으로 월드에 참여한 경우, 플레이어의 위치를 랜덤(random)으로 선정해 줍니다.

메이크코드 프로그램을 오픈합니다.

참고로 마인크래프트 화면에서 'Alt+Tab'을 동시에 누르면 쉽게 화면 전환을 할 수 있습니다.

'새 프로젝트'를 선택합니다. 프로젝트 이름을 정해 줍니다. 여기서는 'flower'라고 적겠습니다.

'Create' 버튼을 클릭합니다.

[플레이어] 메뉴에서 [다음 채팅명령어를 입력하면] 코드블록을 선택한 후, 빈 공간에 드롭 (drop)합니다. 큰따옴표 안에는 'flower'라고 적습니다. 이것은 나중에 코딩을 실행시켜 주는 명령어와 동일하므로 외우기 쉬운 단어를 선택하는 것이 좋습니다.

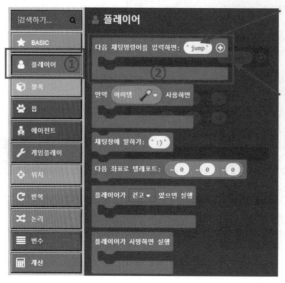

flower로 수정합니다.

파란색 블록으로 묶여 있는 명령어들을 실행한다는 의 미입니다.

[블록] 메뉴에서 [블록 채우기]를 선택하여 파란색 블록 안에 집어넣습니다.

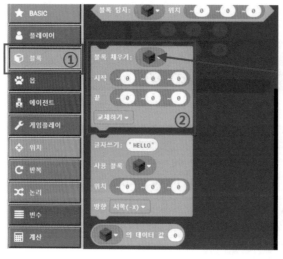

채워질 블록을 꽃으로 변경 합니다.

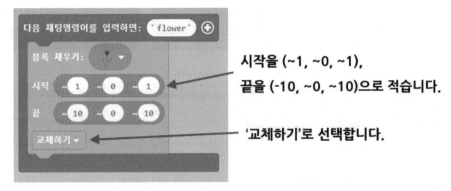

시작을 (~1, ~0, ~1),
끝을 (-10, ~0, ~10)으로 적습니다.

'교체하기'로 선택합니다.

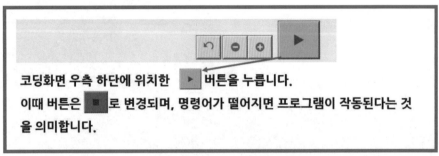

코딩화면 우측 하단에 위치한 ▶ 버튼을 누릅니다.
이때 버튼은 ■로 변경되며, 명령어가 떨어지면 프로그램이 작동된다는 것
을 의미합니다.

'T'를 눌러 채팅창을 오픈한 후, 'flower' 명령어를 입력합니다.

①채팅창에 'flower'를 적습니다.

②화살표를 클릭하여
명령어가 입력되게 합니다.

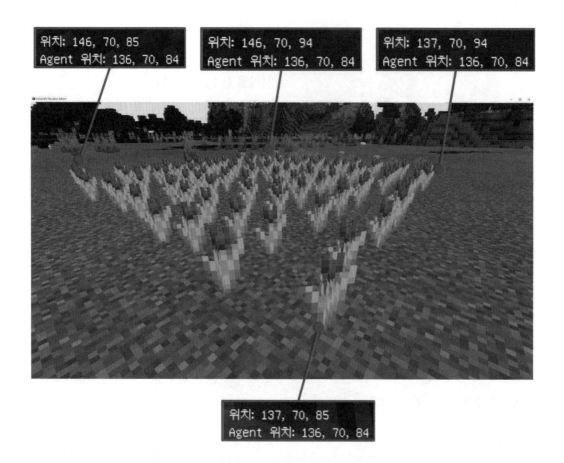

위치: 146, 70, 85
Agent 위치: 136, 70, 84

위치: 146, 70, 94
Agent 위치: 136, 70, 84

위치: 137, 70, 94
Agent 위치: 136, 70, 84

위치: 137, 70, 85
Agent 위치: 136, 70, 84

① 꽃의 개수가 10 × 10 = 100임을 확인해 봅시다.

② 플레이어를 꽃밭의 각 모서리로 움직인 후, 각 모서리의 좌표를 확인해 봅시다.

교재의 꽃밭 모서리 좌표는 아래와 같이(수학 좌표처럼) 표현할 수 있습니다.

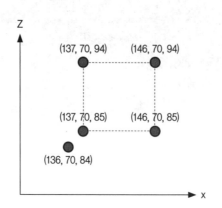

이제 여러분의 꽃밭 모서리 좌표를 작성해 봅시다.

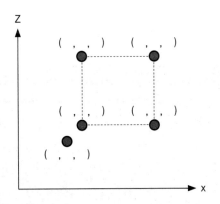

여러분이 작성한 명령어를 다시 생각하며 코딩에 의해 만들어진 꽃밭을 살펴봅시다.

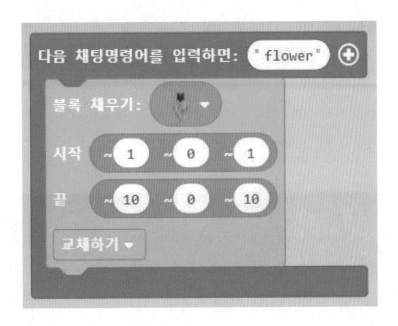

[절대좌표로 꽃밭 만들어 보기]

먼저 텔레포트(teleport) 명령어를 사용하여 나의 위치를 변경해 봅시다.

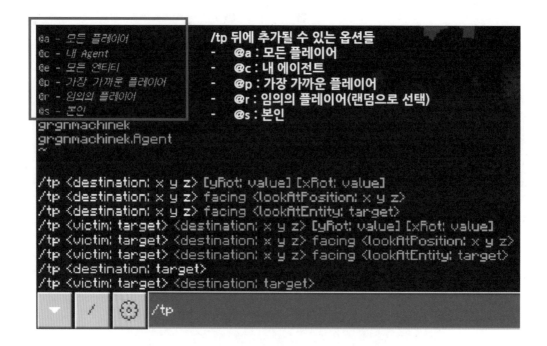

'T'를 누르면 채팅창이 나옵니다.

채팅창에 '/tp'라고 적으면 추가할 수 있는 옵션을 보실 수 있습니다.

이 명령어는 '본인을 월드(100, 75, 100)로 텔레포트'라는 뜻입니다. 해수면이 y=64이므로, y=75 정도 되어야 땅속으로 들어가지 않습니다.

여러분은 순식간에 월드(100, 75, 100)으로 순간이동 한 모습을 보실 수 있습니다.

만약 y=75의 위치가 공중이라면, 위의 그림처럼 순간 이동 직후 아래로 떨어지게 됩니다. 텔레포트를 사용하여 월드(100, 75, 100)으로 플레이어를 이동시킨 이유는 플레이어가 보이지 않는 지역에 꽃밭을 만들어 보기 위해서입니다. 절대좌표를 사용하여 특정 지역에 꽃밭을 먼저 만들고 나서 플레이어를 꽃밭이 있는 곳으로 텔레포트 시켜 보도록 하겠습니다.

메이크코드의 코드 작성 창을 오픈합니다. 기존에 작성하였던 flower 프로젝트의 코딩이 존재하는지 확인합니다. 다음 그림처럼 코딩을 수정해 봅시다.

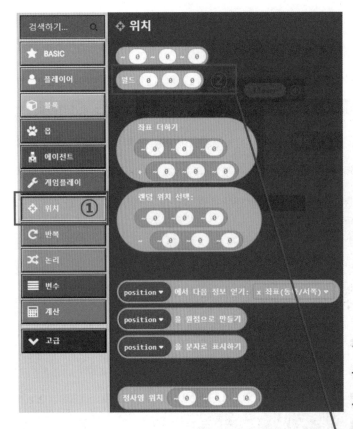

절대좌표를 마우스 왼쪽
클릭하여 잡은 후,
코딩 블록의 상대좌표 자
리로 끌고 가서 놓습니다.

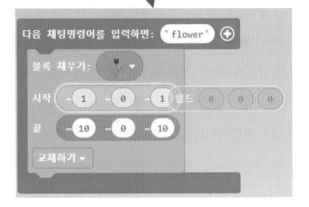

상대좌표가 절대좌표로 변경되는지 확인합니다.

변경된 절대좌표에 좌표를 변경합니다.

시작 : 월드(1, 70, 1)

끝 : 월드(10, 70, 10)

변경된 코딩을 실행시켜 봅시다. 'T'를 눌러 채팅창을 오픈한 후, 'flower' 명령어를 입력합니다.

주위를 살펴보세요! 여러분이 만든 꽃밭이 보이시나요? 안 보이시죠? 이제 여러분이 만든 꽃밭을 찾으러 가 봅시다. 다시 'T'를 누르면 채팅창이 나옵니다. 채팅창에 '/tp @s 0 70 0'을 적습니다. 위의 명령어는 '본인을 월드(0, 70, 0)로 텔레포트'라는 뜻입니다. 월드(0, 70, 0)은 여러분이 만든 꽃밭 근처입니다.

텔레포트 된 이후, 주위를 살펴보세요! 여러분이 만든 꽃밭이 보이시나요? 위의 그림은 주변 지형 때문에 꽃밭이 예쁘게 만들어지지는 않았습니다. 이와 같이 절대좌표를 사용할 경우, 원점인 월드(0, 0, 0)을 기준으로 내가 원하는 절대좌표가 어디에 위치하는가를 생각해야 합니다. 앞에서 연습했던 것처럼 내가 원하는 절대좌표에서의 주변 환경이 화면에 보이지 않는 위치일 수도 있습니다. 그렇기 때문에 플레이어는 절대좌표보다는 상대좌표를 주로 사용합니다. 상대좌표를 사용할 경우, 플레이어 본인 위치를 중심으로 좌표를 계산할 수 있기 때문에 보다 쉽게 건축 위치나 아이템 소환 위치를 정할 수 있습니다.

[블록 채우기&블록 파헤치기]

'블록 채우기' 블록에서 교체하기, 외곽선, 파내기, 파괴하기의 차이를 공부해 봅시다.

[교체하기] 지정한 범위 내의 모든 블록을 교체합니다.

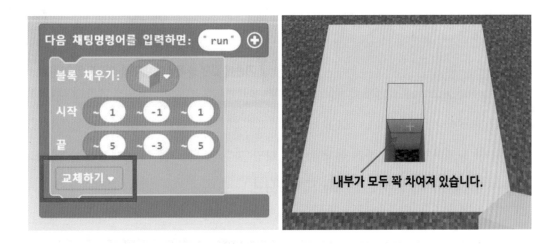

내부가 모두 꽉 차여져 있습니다.

[파내기] 지정된 범위 내의 바깥쪽 블록만 교체됩니다. 바깥쪽 블록 내부에는 아무것도 없이 텅 비워져 있습니다.

내부가 비워져 있습니다.

[외곽선] 지정된 범위 내의 바깥쪽 블록만 교체됩니다. 바깥 블록 내부에는 원래 존재했던 블록이 그대로 있습니다.

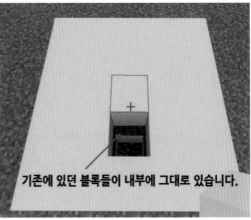

기존에 있던 블록들이 내부에 그대로 있습니다.

[파괴하기] '교체하기'와 비슷하게 동작합니다. 다만 '파괴하기'는 기존에 존재했던 블록을 모두 파괴하므로, 파괴된 블록이 아이템으로 나옵니다.

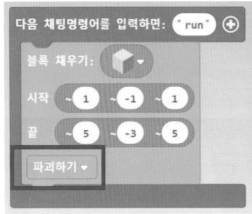

파괴된 블록들이 아이템으로 나옵니다.

내부가 꽉 차여져 있습니다.

7

변수

컴퓨터 코딩에서 '변수'는 아주 중요한 개념입니다. '변수'란 말 그대로 변할 수 있는 수로서, 코드 안에서 바꿀 수 있는 수를 의미합니다. 즉, 변수는 프로그래머가 마음만 먹으면 언제든지 그 내용을 바꿀 수 있습니다.

코딩에 있어서 변수가 왜 중요할까요? 예를 들어 프로그래머가 코딩을 사용하여 고객이 원하는 층수대로 탑을 쌓는다고 가정합니다. 하지만 고객마다 쌓고 싶어 하는 층수가 다를 것입니다. 이럴 경우 프로그래머는 사람들에게 원하는 층수를 물어보고 그 값을 변수에 저장할 수 있습니다.

컴퓨터가 고객에게 "고객님! 몇 층으로 탑을 쌓아 줄까요?"라고 질문을 합니다. 고객은 "10층이요!"라고 대답할 수 있고, "9층이요"라고도 대답할 수 있습니다. 실력 없는 프로그래머라면 고객이 원하는 층수가 변함에 따라 프로그램을 일일이 수정해 줄 것입니다. 하지만 실력 있는 프로그래머라면 변수를 사용할 것입니다. 프로그래머는 'floor'라는 변수를 생성하고, 거기에 고객이 원하는 층수를 저장합니다. 여기서 'floor'는 변수의 이름으로 프로그래머가 정할 수 있습니다. 고객이 원하는 층수는 변수에 저장되어 있으므로 프로그래머는 숫자 대신 'floor'라는 변수를 사용하여 프로그램을 할 수 있습니다. 덕분에 프로그래머가 층수 변화에 따라 일일이 프로그램을 변경할 필요가 없습니다.

즉, 변수는 뭔가를 담아둘 수 있는 그릇 혹은 주머니의 이름 같은 것입니다. 변수 주머니에 10이라는 숫자를 담아 두었다가 필요하면 10이라는 숫자를 꺼내 쓸 수도 있고, 반대로 넣어두었던 10을 버리고 다른 숫자를 넣을 수도 있습니다. 프로그래머는 주머니의 이름만 기억하고 사용하면 됩니다. 변수의 의미를 조금 더 명확히 알기 위하여 마인크래프트에서 변수를 활용하여 탑을 쌓아 보도록 합시다.

여기서 잠깐!

변수(variable, 變數)란 무엇일까요?

학교에서 운동경기를 할 때를 생각해 보면 승리한 쪽에 점수가 더해집니다. 이때 그 전에 받았던 점수에 새로운 점수가 계속 더해져서 새로운 점수가 매겨집니다. 생각해 보면 '점수'라는 단어는 변하지 않지만, 점수에 해당하는 숫자는 계속하여 변하게 됩니다. 이렇게 변하는 수 또는 변하는 값을 넣는 가상의 공간을 '변수'라고 부릅니다. 즉, 운동 경기에서는 '점수'라는 변수를 설정하는 것이라고 생각하면 됩니다.

컴퓨터도 마찬가지입니다. 컴퓨터가 일하기 위해서는 많은 자료를 사용해야 합니다. 그 자료를 효과적으로 관리/제어/운용하기 위해서는 자료를 담아 두기 위한 변수를 사용합니다. 변수는 자료 종류에 따라 다른 형태를 가집니다. 예를 들어 '점수'와 같은 변수는 숫자를 담을 수 있고, '이름'이라는 변수는 '홍길동' 과 같은 문자를 담는 것과 비슷합니다. 마인크래프트에서 변수에 자료를 넣을 때는 아래와 같은 블록을 사용합니다.

빨간색의 블록을 자세히 보면, 변수의 이름은 네모 모양 안에 들어가 있고, 그 변수의 값은 타원형 모양으로 되어 있습니다. 변수 값으로는 그림처럼 숫자를 넣을 수도 있지만, 메이크코드에서 제공하는 타원형 모양의 블록들도 넣을 수 있습니다.

예를 들어 상대/절대좌표 블록은 타원형 모양으로 되어 있으므로 'position'이라는 변수의 값으로 저장될 수 있습니다. 이때 중요한 것은 position의 변수는 좌표 데이터 형태인 (x,y,z)로 선언이 되었으므로, 해당 프로그램 안에서는 좌표 형태의 데이터만 새롭게 저장이 가능합니다. 만약 position의 변수에 다른 형태의 데이터를 삽입하려고 시도하면, 다음 그림처럼 에러가 발생합니다.

position 변수는 제일 먼저 좌표의 형태로 사용하겠다고 선언을 하였음에도 불구하고, 숫자형태인 '0'이라는 값을 저장하려고 하니 에러가 발생하게 되는 것입니다. ⚠ 표시는 명령어에 에러가 있으니 수정해야 된다는 것을 의미합니다.

왼쪽 [플레이어] 메뉴에서 아래 그림의 블록을 드래그(drag)한 후, 화면에 드롭(drop)합니다. 명령어를 변경하고 싶으면, 'run'을 다른 단어로 변경하시면 됩니다. 이 블록에 변수를 추가하고 싶으면, 'run' 오른쪽에 위치한 '+'를 클릭합니다.

변수명(변수이름)의 기본값은 'num1'입니다. 아래 버튼을 누르면 '변수 이름 바꾸기'라는 메뉴가 나옵니다. 이것을 클릭하여 원하는 이름으로 변경합니다.

여기에서는 변수이름을 'floor'라고 변경하였습니다.

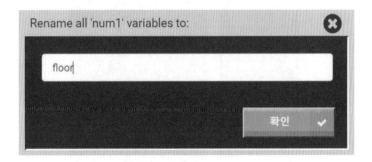

변수의 이름이 'floor'라고 변경된 것을 볼 수 있습니다. 이제 파란색 블록 안에 연두색 블록인 [블록 채우기]를 넣습니다. 그리고 시작에 상대좌표(~1,~0,~1), 끝에 상대좌표(~1,~0,~1)를 넣습니다.

좌측에 보시면 [변수] 메뉴가 있습니다. 클릭하면 여러분이 만든 'floor'라는 변수를 볼 수 있습니다. 이것을 드래그&드롭합니다.

빨간색의 'floor' 변수를 다시 드래그하여 끝좌표의 y좌표에 삽입합니다.

코딩을 실행시켜 봅시다. 'T'를 눌러 채팅창을 오픈한 후, 'run 10' 명령어를 입력합니다. 이때 10이라는 상수가 'floor'의 변수에 입력값이 되는 것입니다.

화면을 보시면 원하는 높이(10층)만큼 탑이 건설된 것을 볼 수 있습니다.

숫자를 변경하여 탑의 높이를 변경해 봅시다.

8
함수

코딩하는 것을 집을 짓는 것과 비교하여 생각해 봅시다. 여러분은 2가지 방법으로 집을 지을 수 있을 것입니다.

방법 1

여러분이 처음부터 끝까지 모든 것을 직접 수행하는 방법입니다.
공사일정에 따라 여러분은 혼자서 다음 작업을 순서대로 수행해야 합니다.

순번 1 : 기초 공사(굴삭기 작업, 콘크리트 작업, 단열 작업, 철근 작업)
순번 2 : 골조 공사(합판 작업, 콘크리트 작업, 방수 작업)
순번 3 : 외장 공사(창호 작업, 단열 작업, 지붕 마감)
순번 4 : 내장 공사(전기 작업, 배관 작업, 설비 작업, 타일 작업, 방수 작업)

여러분은 공사일정에 따라 각 분야 전문가를 불러서 작업을 시킵니다.

즉, 여러분은 단지 일정에 맞춰 각 분야의 전문가를 부르면 됩니다.

순번 1 : 기초 공사(굴삭기 작업자 호출, 콘크리트 작업자 호출…)

순번 2 : 골조 공사(합판 작업자 호출, 콘크리트 작업자 호출…)

순번 3 : 외장 공사(창호 작업자 호출, 단열 작업자 호출…)

순번 4 : 내장 공사(전기 작업자 호출, 배관 작업자 호출…)

여러분은 어떤 방법이 더 효율적이라고 생각하십니까? 특히 '콘크리트 작업'과 같이 중복되는 작업에 대해서는 시간에 맞춰 그 분야의 전문가를 불러오는 것이 더 효과적입니다. 만약 모든 작업을 내가 처리하려면 중장비들을 마당에 대기시켜야 하고 작업장의 분위기도 어수선해질 것입니다. 그래서 프로그램을 작성할 때도(코딩할 때도) 함수를 만들어 놓고, 필요할 때마다 그 함수를 불러 사용하는 것이 효과적입니다. 특히 중복되는 명령어가 많이 존재할수록 함수를 만들어 활용하는 게 더욱 효과적이고 프로그램 관리도 편리합니다.

입력 x

함수 f:
(Function f:)

출력 f(x)

프로그램에서의 함수는 수학에서 말하는 함수와 그 기능이 비슷합니다. 그렇기 때문에 '함수'는 일종의 기능상자라고 보면 됩니다.

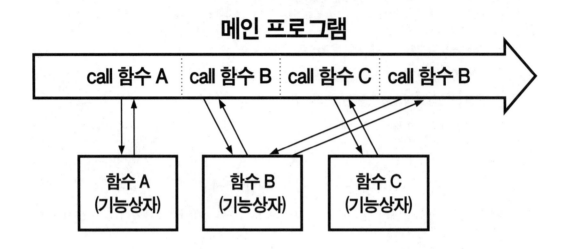

함수(기능상자)는 누구나 만들 수 있습니다. 다른 사람이 만들어 놓은 함수를 가져다 써도 상관없습니다. 함수는 메인 프로그램에서 불러줘야 동작합니다. 반대로 메인 프로그램에서 부르지 않으면 동작하지 않습니다. 함수는 메인 프로그램에서 여러 번 불러와도 상관없습니다. 함수는 입력값과 출력값이 존재하지 않아도 상관없습니다. 즉, 함수에서 계산한 결과값을 메인 프로그램으로 반환하지 않아도 됩니다. 함수의 의미를 조금 더 명확히 알기 위하여 마인크래프트에서 함수를 활용하여 코딩해 봅시다.

[플레이어] 메뉴를 클릭합니다(파란색 메뉴). [플레이어가 걷고 있으면 실행] 블록을 드래그하여 드롭합니다. 이 블록의 '걷고' 옆에 있는 펼치기 버튼 을 누르면 플레이어의 다양한 행동을 정의할 수 있습니다.

[블록] 메뉴를 클릭합니다(연두색 메뉴). [블록 ~에 놓기] 블록을 드래그하여 드롭합니다.

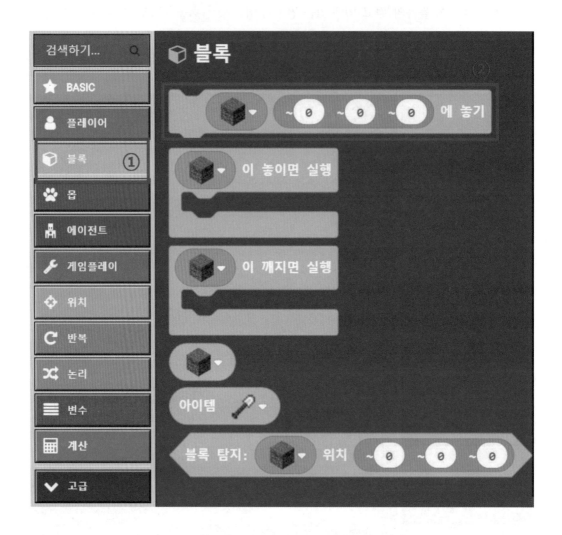

[고급] 메뉴를 클릭합니다(회색 메뉴). [함수] 메뉴를 클릭합니다. [함수 만들기]를 한 후, 적당한 함수 이름을 적습니다. 여기서는 'basic'이라는 함수명을 사용하였습니다.

아래 그림처럼 프로그램을 작성해 봅시다.

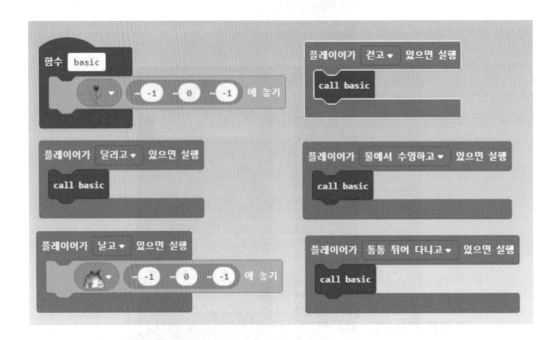

프로그램이 실행되면 '플레이어가 OOO 있으면 실행'이라는 블록들이 동시에 작동을 합니다. 이들 블록의 내부에는 'call basic(basic을 불러와라)'라는 명령어가 삽입되어 있습니다. 그래서 플레이어가 블록에 표현되어 있는 행동을 하게 되면 basic 함수를 불러오게 됩니다. basic 함수는 [꽃] 블록을 (~-1,~0,~-1) 위치에 놓으라고 되어 있습니다. 하지만 플레이어가 '날고' 있을 때는 (~-1,~0,~-1) 위치에 [불] 블록을 놓으라는 명령어가 작동됩니다.

여기서 잠깐!

[주변 블록 깨끗이 밀어 버리기]

위와 같이 [공기] 블록을 활용하면 주변을 깨끗이 밀어 버릴 수 있습니다.

코딩을 실행하면, 좌표 영역이 깨끗하게 정리된 것을 볼 수 있습니다.

[나를 따라 내리는 닭]

플레이어가 걸으면, 플레이어 위의 하늘에서 닭이 떨어지는 코드를 만들어 봅시다.

걸을 때마다 하늘에서 떨어지는 닭을 볼 수 있습니다.

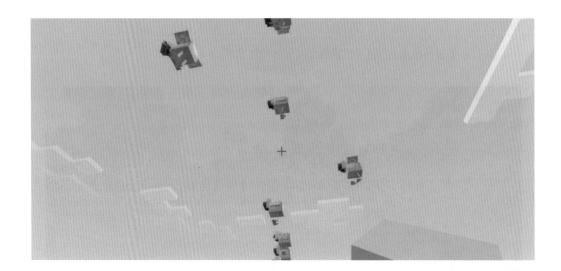

[동물] 코드블록을 [소환] 코드블록에 끼워 넣으면 다양한 동물을 소환할 수 있습니다. 동물 대신 [몬스터] 코드블록을 선택하면 몬스터를 소환할 수 있습니다. [마법 발사] 코드블록으로 원하는 위치에 마법을 소환할 수 있습니다.

[속이 비어 있는 빌딩 만들기]

3차원 좌표와 공기 블록을 사용하면 빌딩도 쉽게 만들 수 있습니다. 원하는 빌딩 크기를 설정
하기 위하여 3개의 변수 x, y, z를 생성합니다. 먼저 콘크리트 블록을 3차원 좌표를 사용하여
만들어 주고, 콘크리트 블록 좌표보다 1씩 작은 값을 사용하여 내부 공간을 공기블록으로 채
워 주면 됩니다. 즉, 콘크리트 블록의 외곽선만 남게 됩니다.

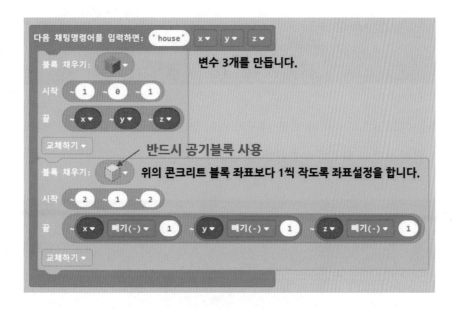

T를 눌러 채팅창을 연 다음, 아래와 같이 명령어를 입력해 봅시다. 여기서 10, 10, 5는 빌딩의
크기입니다.

빌딩이 만들어진 것을 볼 수 있습니다.

빌딩 외벽을 깨고 안으로 들어가 보면, 내부가 비어 있는 것을 볼 수 있습니다. 횃불을 이용하여 내부를 밝혀 보면 더 확실하게 확인할 수 있습니다.

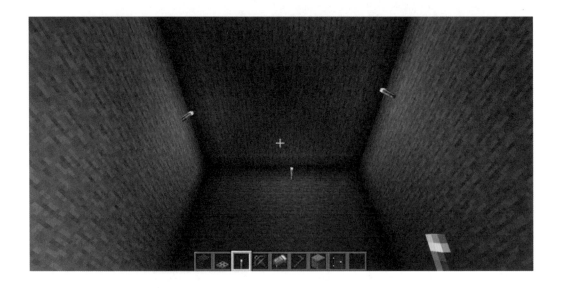

참고로 [블록 채우기] 블록에서 '외곽선'을 선택하여 실행하면, 위의 그림과 동일한 효과를 얻을 수 있습니다.

9

에이전트

먼저 월드에서 적당하게 평평한 장소를 찾습니다.

주변 지형을 밀어 버릴 수 있는 프로그램을 실행합니다. 생각보다 많이 사용되는 프로그램이므로, 'clear'라는 프로젝트로 저장해 놓으면 좋습니다.

프로그램을 실행시키면('T' 누른 후 'run' 실행), 깎아진 지형을 볼 수 있습니다. 여기서 나의 위치를 변경시키지 않는 것이 좋습니다. (아니면 현재의 나의 좌표를 기억해 두셔도 됩니다.)

새롭게 'wall'이라는 프로젝트를 만듭니다.

wall 이라는 프로젝트를 만듭니다.

내 프로젝트 >

＋
새 프로젝트

wall

clear

몇 초 전

6분 전

wall 프로젝트의 프로그램을 코딩합니다.

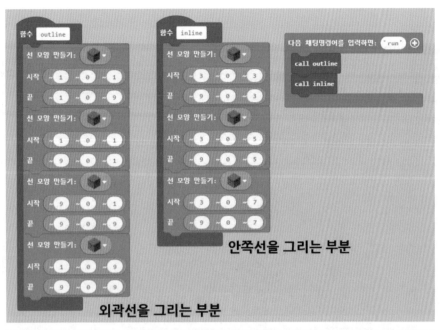

외곽선을 그리는 부분

안쪽선을 그리는 부분

(1,0,9)								(9,0,9)
		(3,0,7)						(9,0,7)
		(3,0,5)						(9,0,5)
		(3,0,3)						(9,0,3)
(1,0,1)								(9,0,1)

'T'를 누른 후, 'run'을 입력하여 프로그램을 실행하면 우리가 밀어 버린 평지에 미로가 생겨난 것을 볼 수 있습니다.

현재의 좌표를 보다 정확히 확인할 수 있도록 비디오의 시점을 1인칭에서 3인칭으로 변경합니다. 좌표가 켜져 있는지도 재확인합니다.

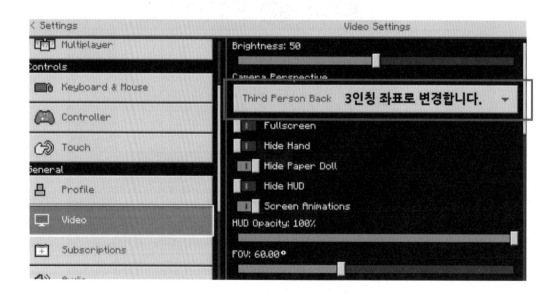

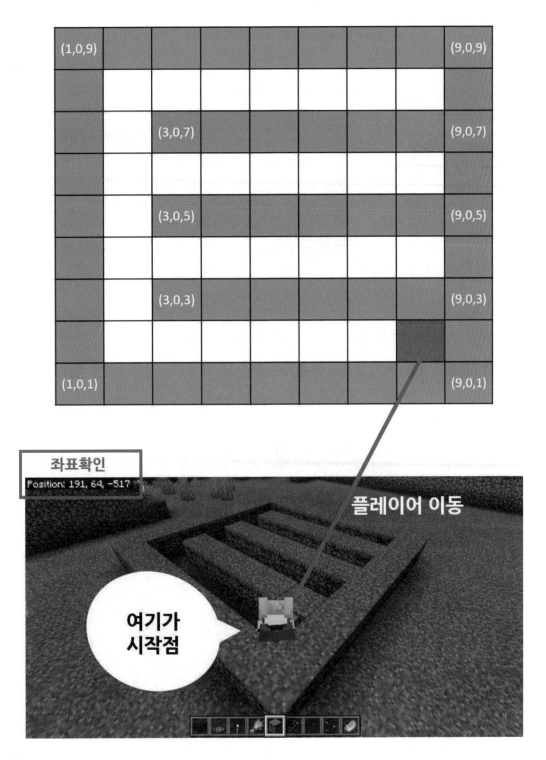

플레이어를 빨간 지점으로 이동시킨 후 좌표를 확인합니다.

새 프로젝트를 클릭하여 'move-to-start'를 생성합니다.

아래와 같이 프로그램을 작성합니다. 이때 중요한 것이 상대좌표가 아니라 절대좌표를 사용하는 것입니다. 절대좌표의 값은 앞에서 확인했던 것을 사용합니다.

※ 절대좌푯값은 플레이어마다 다를 수 있습니다.

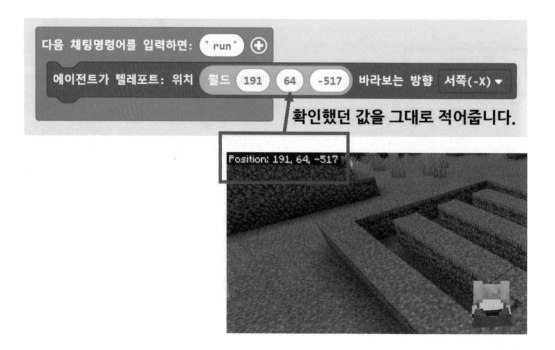

'T'를 눌러 'run'을 실행시키면, 제 친구인 에이전트가 제가 적었던 절대좌표 위치로 이동해 있는 것을 확인할 수 있습니다.

자~ 그러면 에이전트가 아래 그림과 같이 움직이는 프로그램을 만들어 봅시다.

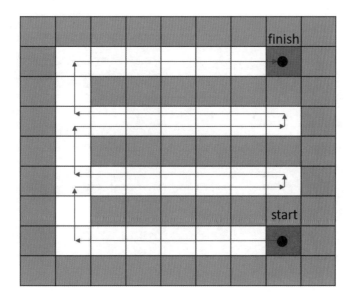

새 프로젝트를 클릭하여 'tracking'을 생성합니다.

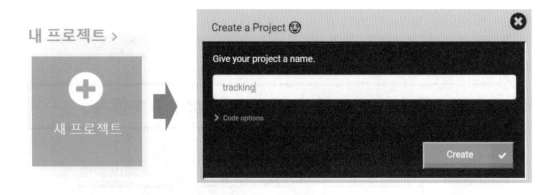

이번에는 상대좌표나 절대좌표를 사용하지 않을 것입니다. 에이전트가 바라보는 시선을 중심으로 프로그램을 작성할 것입니다. 그리고 제일 중요한 것 한 가지! 프로그램이 너무 길어지지 않도록 중복되는 동작들은 함수를 만든 후, 반복문을 사용하여 처리하는 것입니다. 즉에이전트가 '앞으로 9칸 가기', '180도 돌기', '위로 3칸 가기' 등과 같이 반복하여 사용되는 동작들은 함수로 만들고, 메인 프로그램에서 필요할 때마다 불러다 사용할 것입니다. 그림을 보면서 프로그램을 이해해 봅시다.

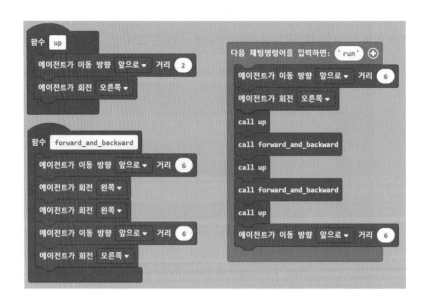

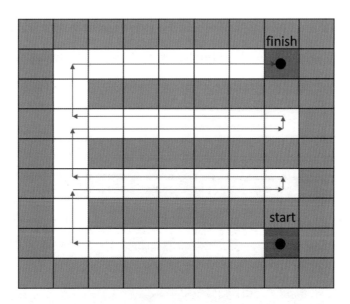

'T'를 누른 후, 'run'을 입력하여 프로그램을 실행하면 에이전트가 미로를 따라 이동하는 것을
볼 수 있습니다.

만약 에이전트가 제대로 이동하지 않거나 프로그램이 이상하다고 생각되면 ■를 눌러 코딩 실행을 중단합니다. 에이전트를 처음 위치에 되돌리고 싶으면, 이전에 만들어 놓았던 'move-to-start' 프로젝트를 실행하면 됩니다. 이제 함수로 만들어 놓은 프로그램을 반복문을 사용하여 조금 더 간단하게 만드는 방법에 대해 알아봅시다.

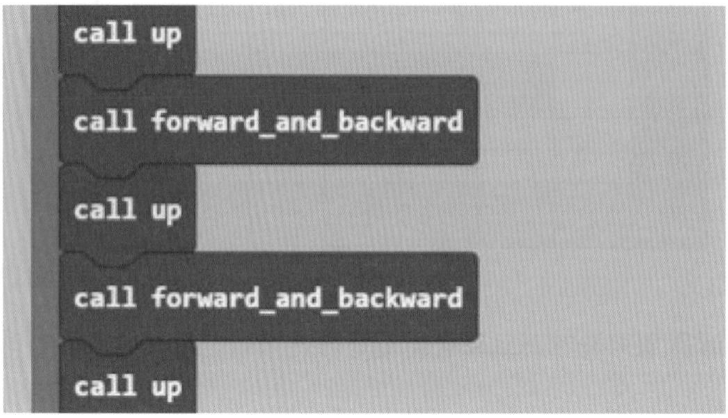

위의 그림과 같이 반복되는 명령문이 있다면, 반복문을 사용하는 것이 좋습니다. 아래 그림처럼 프로그램을 작성하고 실행시켜 봅시다. 시작하기 전, 에이전트가 처음 위치에 있는지 확인합니다.

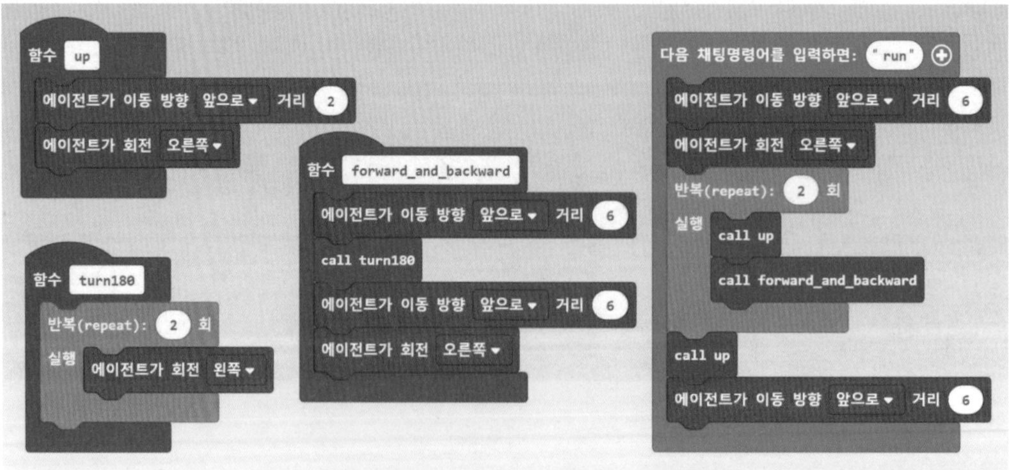

따라해 보세요

[화살 쏘고 랜덤으로 사라지기]

보통 화살을 쏘면 플레이어는 그 자리에 그대로 있습니다. 이제 여러분은 화살을 쏘면 랜덤위치로 이동하여 사라지게 만드는 코드를 만들어 봅시다. 랜덤 위치를 설정할 때는 상대좌표보다 절대 좌표가 유리합니다. 왜냐하면 상대좌표를 사용할 경우, 월드의 범위를 벗어날 수 있기 때문입니다.

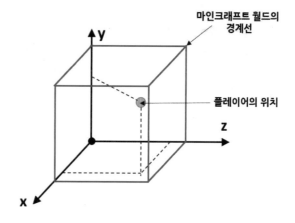

즉, 플레이어가 마인크래프트 경계선에 위치할 경우, 상대 좌표를 사용하여 랜덤 위치의 범위를 과도하게 설정하면 마인크래프트 경계선을 넘어갈 수 있습니다.

새 프로젝트를 클릭하여 'random'을 생성합니다.

내 프로젝트 >

새 프로젝트

Create a Project 😊

Give your project a name.

random

> Code options

Create ✔

플레이어 메뉴에서 아래와 같은 블록들을 드래그&드롭합니다.

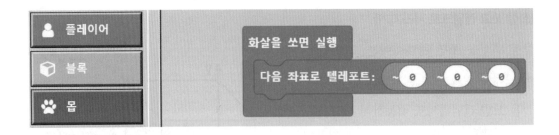

위치 메뉴에서 아래와 같은 블록들을 드래그&드롭합니다. 이때 주의하실 것은 절대(월드) 좌표를 사용해야 하는 것입니다.

플레이 버튼을 눌러 프로그램을 실행시켜 봅시다.

10

반복문

인간이 만든 구조물 중 가장 유명한 것은 아마 피라미드일 것입니다. 마인크래프트에서도 반복문을 이용하여 피라미드를 만들 수 있습니다. 사실 피라미드도 자세히 보면 마인크래프트와 같이 블록 쌓기를 한 것입니다.

아무렇게나 블록을 쌓는다면 좋은 건축물이 될 수 없습니다. 건축물에는 어떠한 패턴이 반복되는 경우가 많습니다. '패턴이 반복된다'라는 것은 곧 컴퓨터를 사용하면 쉬워진다는 뜻입니다. 패턴은 과학 및 수학과 연결되어 있습니다.

여기서 잠깐!
루프(loop)와 시퀀스(sequence)에 대한 개념 이해하기

그럼, 코딩의 가장 기본적인 구조 중에 하나인 루프와 시퀀스에 대해 다시 생각해 보고 갑시다.

· 시퀀스: 사건이나 행동 등의 순서. 명령어의 의한 동작 또는 이벤트는 미리 정해진 순서대로 이어지게
  됩니다. 시퀀스에는 여러 작업이 포함될 수 있지만, 시퀀스 내에 존재한 작업은 건너뛸 수 없습니다.

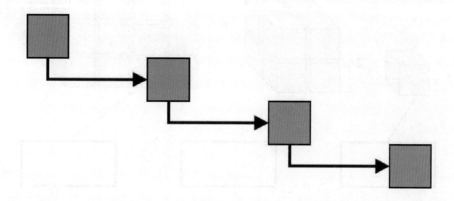

· 루프: 루프 안에 묶여 있는 시퀀스들을 반복 실행할 수 있습니다. 루프는 앞에서 언급한 반복문과 개념
  이 동일합니다.

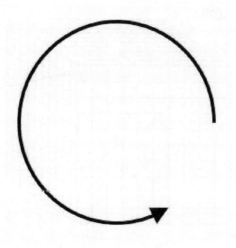

만약 마인크래프트에서 아래 그림과 같은 구조물을 만들려고 하면 마우스를 몇 번 클릭해야 할까요? (마우스 1번 클릭당, 블록 1개를 놓을 수 있다고 생각합시다.)

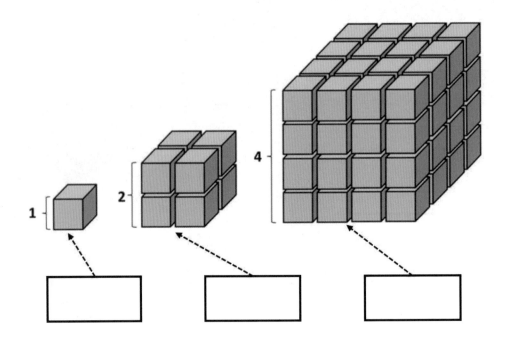

마인크래프트에서 마우스 클릭만으로 아래 구조물을 만들려면 얼마나 걸릴까요?

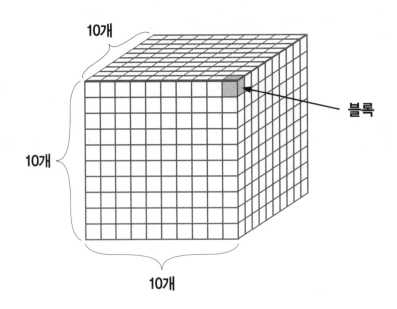

생각해 보면 알 수 있듯이, 블록을 일일이 클릭하면서 이런 구조물을 만들려면 많은 시간과 노력이 필요합니다. 하지만, 코딩을 사용하면 아주 쉽게 만들 수 있습니다. 어떻게 하면 되는지 천천히 생각해 봅시다.

이 구조물 역시 좌표를 이용하여 생각하면 쉽습니다. 2차원에서 시작점, 끝점의 개념을 3차원으로 확장시켜 봅시다. 시작점을 (~1, ~1, ~1), 끝점을 (~10, ~10, ~10)이라고 한다면, 플레이어는 한꺼번에 1,000개의 블록을 만들 수 있습니다. 반드시 공간좌표로 생각하셔야 하고, 시작점과 끝점도 개수에 포함하여야 됩니다.

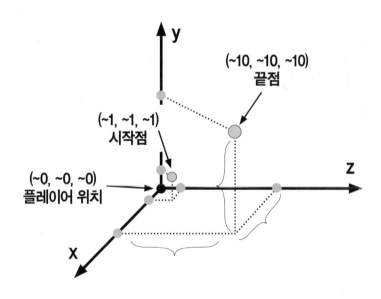

3차원 좌표를 활용한 정육면체 블록 묶음을 만드는 과정이 이해되었다면, 이제 3층짜리 피라미드를 생각해 봅시다. 만약 바닥면이 가로 6칸, 세로 6칸으로 구성된다면, 피라미드의 높이는 3칸이 될 것입니다. (1층씩 올라갈수록 가로 및 세로의 길이가 2칸씩 줄어듦으로 피라미드의 높이는 3칸이 됩니다.)

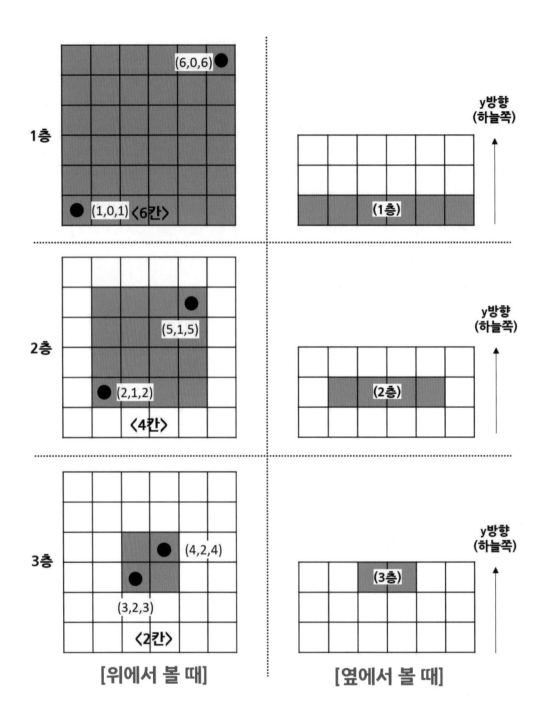

1층

(6,0,6)●

● (1,0,1) 〈6칸〉

y방향
(하늘쪽)

(1층)

2층

(5,1,5)

(2,1,2)

〈4칸〉

y방향
(하늘쪽)

(2층)

3층

(4,2,4)

(3,2,3)

〈2칸〉

y방향
(하늘쪽)

(3층)

[위에서 볼 때]　　　　**[옆에서 볼 때]**

위의 피라미드의 규칙이 보이나요? 1층이 올라갈 때마다 한쪽 변의 블록 수가 2씩 줄어들게 됩니다.

새 프로젝트를 클릭하고, 'pyramid' 프로젝트를 만듭니다. 이번에는 상대좌표 개념을 사용하여 코딩해 봅시다.

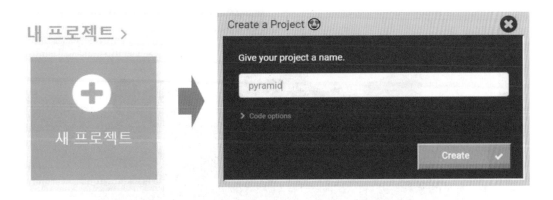

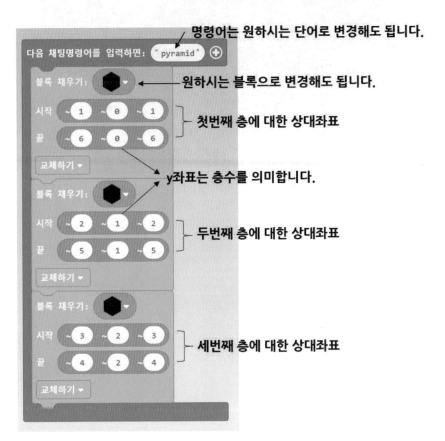

'T'를 누른 후, 'pyramid'을 입력하여 프로그램을 실행하면 아래와 같이 피라미드가 생성된 것을 볼 수 있습니다.

이제 4층짜리 피라미드를 생각해 봅시다.

1층은 가로 8칸, 세로 8칸 → 시작점(~1,~0,~1), 끝점(~8,~0,~8)

2층은 가로 6칸, 세로 6칸 → 시작점(~2,~1,~2), 끝점(~7,~1,~7)

3층은 가로 4칸, 세로 4칸 → 시작점(~3,~2,~3), 끝점(~6,~2,~6)

4층은 가로 2칸, 세로 2칸 → 시작점(~4,~3,~4), 끝점(~5,~3,~5)

5층짜리 피라미드는 어떨까요?

1층은 가로 10칸, 세로 10칸 → 시작점(~1,~0,~1), 끝점(~10,~0,~10)

2층은 가로 8칸, 세로 8칸 → 시작점(~2,~1,~2), 끝점(~9,~1,~9)

3층은 가로 6칸, 세로 6칸 → 시작점(~3,~2,~3), 끝점(~8,~2,~8)

4층은 가로 4칸, 세로 4칸 → 시작점(~4,~3,~4), 끝점(~7,~3,~7)

5층은 가로 2칸, 세로 2칸 → 시작점(~5,~4,~5), 끝점(~6,~3,~6)

여기까지 이해하셨다면, 기존 프로그램을 수정하여 5층짜리 피라미드를 직접 만들어 보세요.

우리가 만든 프로그램을 가만히 보면 '블록 채우기' 블록이 여러 번 사용되는 것 같지 않습니까? 그러면 '블록 채우기'를 반복문 안에 넣으면 좋을 것 같습니다. 다만 반복이 될 때마다 좌푯값이 조금씩 달라집니다. 이럴 때는 반복문 블록을 사용해야 합니다.

'블록 채우기' 블록이 여러 번 사용되고 있습니다. 기존의 반복문과는 달리 반복이 될 때마다 좌푯값이 달라져야 합니다. 이럴 경우에는 반복문을 사용해야 합니다.

다시 4층짜리 피라미드를 생각해 봅시다. 4층을 쌓으려면 명령어가 4회 반복되어야 하고 반복할 때마다 반복되는 횟수를 좌푯값 계산에 사용할 수 있어야 합니다.

반복문 블록을 사용하면 이런 문제를 해결할 수 있습니다.

앞에서

1층은 가로 8칸, 세로 8칸 → 시작점(~1,~0,~1), 끝점(~8,~0,~8)

2층은 가로 6칸, 세로 6칸 → 시작점(~2,~1,~2), 끝점(~7,~1,~7)

3층은 가로 4칸, 세로 4칸 → 시작점(~3,~2,~3), 끝점(~6,~2,~6)

4층은 가로 2칸, 세로 2칸 → 시작점(~4,~3,~4), 끝점(~5,~3,~5)

이라고 했습니다.

4층이기 때문에 1층의 한 변은 전체 층수(floor)의 2배(4 × 2 = 8)가 필요합니다.

(만약 5층이라면 1층의 한 변의 블록 수는 10개)

'index'라는 변수를 0에서 3까지 변화시키고(0,1,2,3)…

첫 번째 반복문에서는 index=0입니다. 아래 식에 대입해 보세요.

(index+1)층은 시작점(~index+1, ~index, ~index+1),

끝점(~(floor*2-index), ~index, ~(floor*2-index))

위의 결과값은 1층 좌표인 시작점(~1,~0,~1), 끝점(~8,~0,~8)이 나옵니다.

두 번째 반복문에서는 index=1입니다. 아래 식에 대입해 보세요.

(index+1)층은 시작점(~index+1, ~index, ~index+1),

끝점(~(floor*2-index), ~index, ~(floor*2-index))

세 번째 반복문은 index=2, 네 번째 반복문은 index=3을 대입해 봅시다.

위의 식 하나에 index값을 변화시키면 각 층에 해당하는 좌표를 정의할 수 있습니다. 이를 활용하여 프로그램을 만들어 봅시다.

그림처럼 프로그램을 만들어 봅니다. 멋진 프로그램을 위해서는 수학적 사고가 반드시 필요합니다.

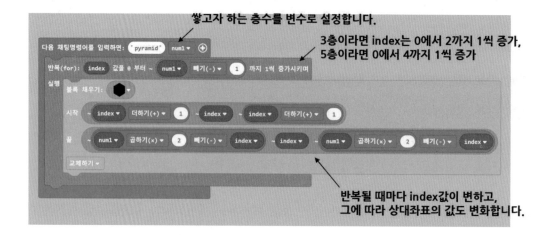

'T'를 누른 후, 'pyramid'라는 명령어를 입력합니다. 이때 플레이어가 쌓고자 하는 층수를 같이 넣어 줘야 합니다.

10층짜리 피라미드가 완성된 것을 볼 수 있습니다.

아래 그림처럼 더 높은 층수도 한 번에 지을 수 있습니다.

[원형 피라미드 만들기]

이전 시간에는 사각 모양의 피라미드를 만들었다면, 이번에는 원형 피라미드를 만들어 봅시다. 원형 피라미드를 만들기 위해서는 '원모양 만들기 블록'이 필요합니다.

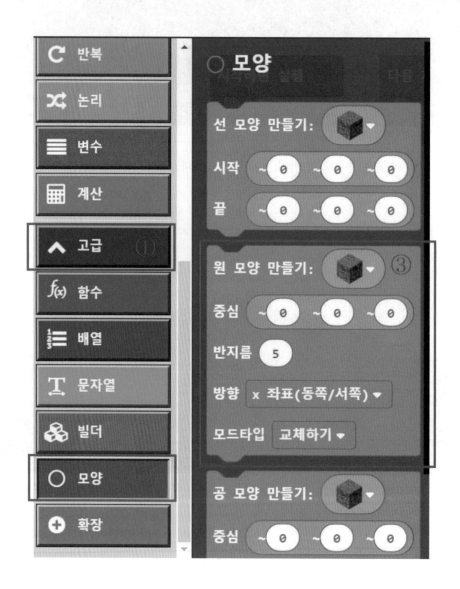

'for 반복문 블록'과 '원모양 만들기 블록'을 이용하여 아래 그림과 같은 원형 피라미드를 직접 만들어 봅시다. 틀려도 괜찮으니까 직접 프로그램을 만들어 보세요.

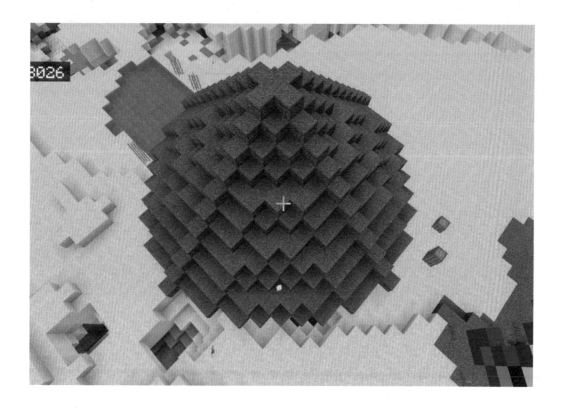

직접 만들 프로그램과 교재의 프로그램을 비교해 봅시다. 자신의 프로그램과 교재의 프로그램이 무엇이 다른지 이야기해 보고, 그로 인한 실행 결과가 어떻게 다른지도 이야기해 봅시다.

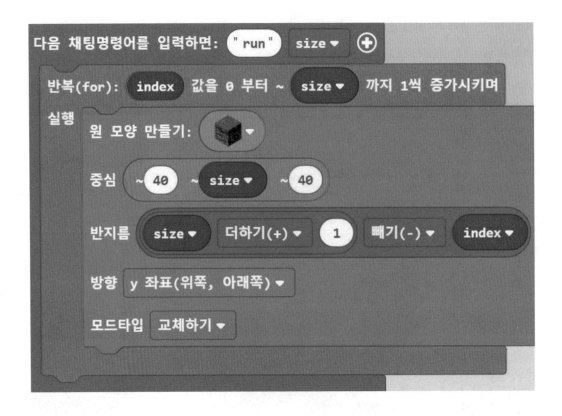

위의 프로그램을 실행시키기 위해서는 명령어(run)와 함께 1층 원의 반지름값을 넣어 줘야 합니다.

예> run 10

11

조건문 1

이제 마인크래프트에서 조건문을 활용하는 방법에 대해서 배워 보도록 합시다. 여러분이 조건문을 사용하면 보다 재미나고 긴장감 넘치는 게임을 만들 수 있습니다.

우리가 만들 게임은 일종의 방탈출 게임입니다. 먼저 [흑요석] 블록으로 만들어진 밀폐된 방을 만들고, 플레이어를 그 방 속으로 텔레포트할 것입니다. [흑요석] 블록은 아주 단단한 블록이기 때문에 플레이어가 '서바이벌 모드'에서는 쉽게 깰 수 없습니다. 이 방을 탈출할 수 있는 유일한 방법은 플레이어가 '열쇠가 되는 행동'을 하였을 때입니다. 즉, 만약 플레이어가 방안에서 황금 블록을 정확한 위치에 놓는다면, 흑요석 벽면에 탈출문이 생기게 됩니다.

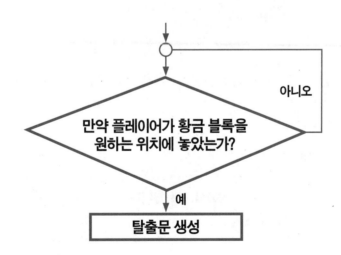

생각해 보면 위의 조건문은 전자식 도어락의 자동원리와 비슷합니다. 전자식 도어락은 사용자가 정확한 암호 숫자를 순서대로 입력해야지만 문을 열어 줍니다. 즉, 전자식 도어락에도 조건문을 사용하고 있다는 뜻입니다.

새 프로젝트를 클릭하고, 'escape' 프로젝트를 만듭니다.

먼저 경기장을 만드는 명령어를 살펴봅시다.

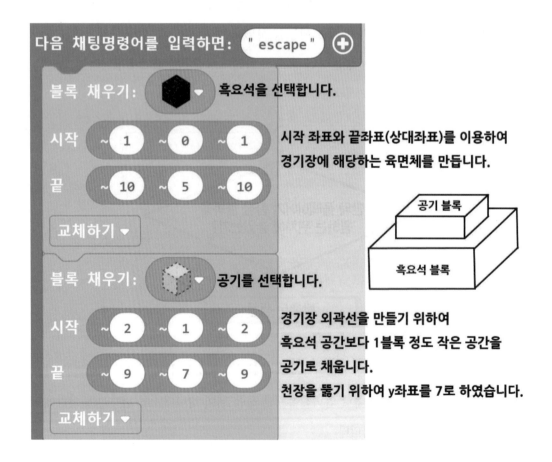

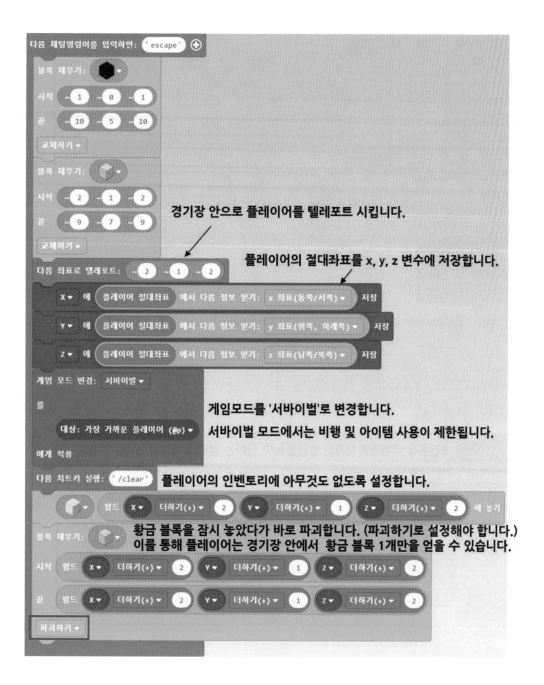

다음 채팅명령어를 입력하면: `escape` ⊕

블록 채우기: ⬡ ▾

시작 ~1 ~0 ~1

끝 ~10 ~5 ~10

교체하기 ▾

블록 채우기: 🔵 ▾

시작 ~2 ~1 ~2

끝 ~9 ~7 ~9

교체하기 ▾

경기장 안으로 플레이어를 텔레포트 시킵니다.

다음 좌표로 텔레포트: ~2 ~1 ~2

플레이어의 절대좌표를 x, y, z 변수에 저장합니다.

X ▾ 에 [플레이어 절대좌표] 에서 다음 정보 얻기: x 좌표(동쪽/서쪽) ▾ 저장

Y ▾ 에 [플레이어 절대좌표] 에서 다음 정보 얻기: y 좌표(위쪽, 아래쪽) ▾ 저장

Z ▾ 에 [플레이어 절대좌표] 에서 다음 정보 얻기: z 좌표(남쪽/북쪽) ▾ 저장

게임 모드 변경: 서바이벌 ▾

를

대상: 가장 가까운 플레이어 (@p) ▾

에게 적용

게임모드를 '서바이벌'로 변경합니다.
서바이벌 모드에서는 비행 및 아이템 사용이 제한됩니다.

다음 치트키 실행: `/clear` **플레이어의 인벤토리에 아무것도 없도록 설정합니다.**

🟦 ▾ 월드 X ▾ 더하기(+) 2 Y ▾ 더하기(+) ▾ 1 Z ▾ 더하기(+) ▾ 2 에 놓기

블록 채우기: 🟦 ▾ **황금 블록을 잠시 놓았다가 바로 파괴합니다. (파괴하기로 설정해야 합니다.)**
이를 통해 플레이어는 경기장 안에서 황금 블록 1개만을 얻을 수 있습니다.

시작 월드 X ▾ 더하기(+) ▾ 2 Y ▾ 더하기(+) ▾ 1 Z ▾ 더하기(+) ▾ 2

끝 월드 X ▾ 더하기(+) ▾ 2 Y ▾ 더하기(+) ▾ 1 Z ▾ 더하기(+) ▾ 2

파괴하기 ▾

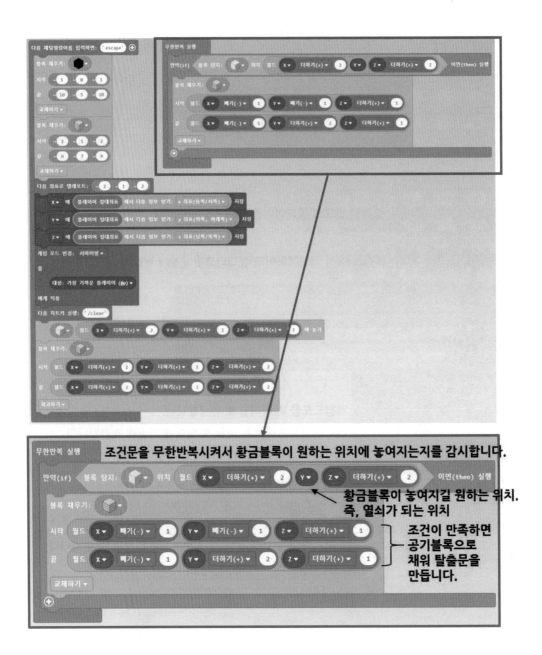

무한반복문 안에 조건문을 넣어, 황금블록이 원하는 위치에 놓이는지를 감시합니다. 우리는
조건문(만약 if문)을 사용하여 황금블록이 프로그래머가 원하는 위치에 놓이는지를 확인할 수
있습니다. 만약 황금블록이 제대로 놓이면, 경기장 경계면에 공기블록을 채우도록 합니다.
이렇게 만들어지는 공기 블록이 바로 탈출문이 되는 것입니다.

12

조건문 2

우리나라에서 가장 높은 빌딩은 서울 잠실에 위치한 '롯데월드타워'입니다. 이번 시간에는 조건문을 사용하여 롯데월드타워와 비슷한 모양의 건축물을 만들어 봅시다.

서울에 위치한 롯데타워(사진출처 : Neroson)

새 프로젝트를 클릭하고, 'lottetower' 프로젝트를 만듭니다.

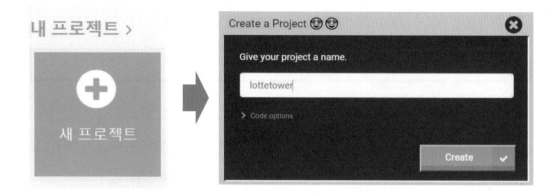

마인크래프트에서 코딩으로 타워를 건설할 때는 시간이 많이 소모됩니다. (타워는 한순간에 뚝 딱 건설되지 않습니다.) 그래서 코딩에서 상대좌표만 사용하여 타워의 위치를 잡아 줄 경우, 타 워가 건설되는 동안 플레이어가 이리저리 움직이면 제대로 된 건설이 되지 않습니다. 왜냐하 면 건설되는 동안 플레이어가 움직이면, 움직인 플레이어의 위치를 기준으로 상대좌표가 계 산되기 때문입니다. 이러한 문제를 해결하기 위하여 상대좌표를 절대좌표로 변경해 주는 작 업이 필요합니다. 즉, 초기에 내가 설정한 상대좌표 위치에서 (플레이어가 움직이더라도) 계속하 여 타워가 건설될 수 있도록, 초기에 설정한 상대좌표를 절대좌표로 인식시켜 줘야 합니다.

'centerposition'이라는 변수를 만듭니다. 'centerposition에 0 저장'을 드래그&드롭한 후, run 블록 안에 넣습니다.

centerposition 변수에 상대좌표를 넣습니다. 즉, 플레이어를 기준으로 ~20, ~0, ~20 위치에 타워의 중심을 잡을 것이고 그 위치를 centerposition이라는 변수로 설정합니다.

'x0', 'y0', 'z0' 이라는 변수를 만듭니다.

centerposition 위치의 x좌푯값을 x0에 저장합니다.

centerposition 위치의 y좌푯값을 y0에 저장합니다.

centerposition 위치의 z좌푯값을 z0에 저장합니다.

이제 x0, y0, z0는 플레이어의 위치가 변하더라도 그 값이 변하지 않게 됩니다.

(즉, 절대좌표로 변환이 된 것입니다.)

이제 타워를 쌓아 보도록 합시다. 타워는 기존의 피라미드와는 다르게 10층마다 모양을 다르

게 만들 것입니다. (참고로 이전에 만들었던 피라미드는 1층마다 모양이 달라졌습니다.) 그래야 위로 더 뾰족한 모양의 타워를 만들 수 있기 때문입니다. 그렇게 만들기 위해서는 반복문과 조건문을 사용하여 알고리즘을 만들어야 합니다.

index 변수가 포함된 반복문은 반복될 때마다 index 값이 1씩 증가합니다. 타워의 y0좌표를 index 값과 연동시켜(y0좌표에 1을 더해 줍니다) 반복될 때마다 층수를 1층씩 올라가도록 만드는 것입니다. 반복문 안의 조건문은 index 값을 10으로 나눈 후, 나머지를 체크합니다. 만약 나머지가 1,2,3,4,5,6,7,8,9일 경우는 타워의 지름을 바꾸지 않습니다. 만약 나머지가 0이 되면 타워 지름에서 1을 줄여 줍니다.

index 값	층수	index/10의 나머지	타워 지름
0	1	0	11
1	2	1	10
2	3	2	10
3	4	3	10
4	5	4	10
5	6	5	10
6	7	6	10
7	8	7	10
8	9	8	10
9	10	9	10
10	11	0	10
11	12	1	9
12	13	2	9

index/10의 나머지가 0이기 때문에 지름을 1 줄여 줍니다.

index/10의 나머지가 0이기 때문에 지름을 1 줄여 줍니다.

전체 프로그램입니다. 제대로 작성하였는지 확인해 봅시다.

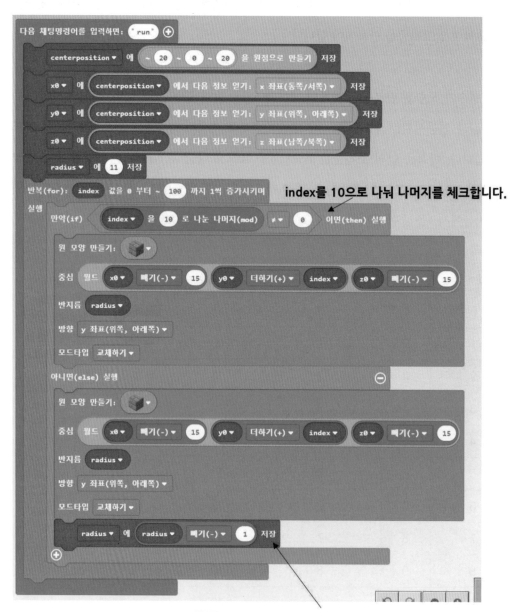

index를 10으로 나눠 나머지를 체크합니다.

현재 radius 변수에 저장된 반지름 값에 1를 감소시킨 후,
다시 radius 변수에 저장합니다.
이것이 이번 프로그램의 핵심입니다.

플레이 버튼을 눌러 프로그램을 실행시켜 봅시다.

타워가 잘 보이도록 평지를 찾은 후, 적당한 위치에 도달하면, 'T'를 누른 후, 'run'이라는 명령어를 입력합니다. 멀리서 멋진 타워가 만들어지는 것을 감상해 보기 바랍니다.

13

배열

배열 블록을 이용하여 무지개를 만들어 봅시다.

배열 블록은 언제 사용해야 할까요? 배열 블록 역시 반복문과 같이 사용하면 강력한 도구가 될 수 있습니다. for 블록을 사용하면 반복될 때마다 좌푯값을 변경할 수 있습니다. 만약 반복될 때마다 좌푯값뿐만 아니라 블록의 종류까지 변경하고 싶으면 어떻게 해야 할까요?

즉, 첫 번째 반복문에서는 원의 지름이 10이고 빨간색 블록, 두 번째 반복문에서는 원의 지름이 9이고 주황색 블록, 세 번째 반복문에서는 원의 지름이 8이고 노란색 블록, 네 번째 반복문에서는 원의 지름이 7이고 초록색 블록, 다섯 번째 반복문에서는 원의 지름이 6이고 파란색 블록, 여섯 번째 반복문에서는 원의 지름이 5이고 남색 블록, 일곱 번째 반복문에서는 원의 지름이 4이고 보라색 블록… 이와 같이 반복문에서 블록 변경이 필요할 때 배열 블록을 사용합니다.

여기서 잠깐!

배열이란, 말 그래도 무엇인가를 줄을 맞춰 잘 배치한 것을 말합니다. (비슷한 개념으로) 컴퓨터에서 배열이란 연관된 데이터를 줄지어 만들어 놓고, 그것을 통으로 관리하기 위해서 사용하는 데이터 타입입니다. 일반적으로 변수는 하나의 데이터를 저장/제어할 수 하지만, 배열은 여러 개의 데이터를 하나의 이름으로 저장/제어할 수 있습니다.

예를 들어 생각해 봅시다. 학교에서 담임선생님이 5학년 5반의 학생들의 명단을 가지고 있다고 생각합시다. 여기서 5학년 5반 학생명단은 배열의 이름이 될 것이고, 25명의 학생명은 그 데이터 값이라고 생각하시면 됩니다. 선생님이 학생들에게 번호를 부여하여 관리하듯이, 배열의 데이터 값도 index라는 번호가 붙어 있습니다. 선생님께서 "13번 학생! 칠판으로 나와서 문제 풀어 봐"와 같이 말하듯이 여러분도 배열에서 index 13번의 데이터를 빼내서 계산한 후, 다시 배열에 집어넣을 수 있습니다.

Index (인덱스, 번호)	value (값)
1	슈퍼맨
2	배트맨
3	아이언맨
4	앤트맨
5	아쿠아맨
6	스파이더맨

배열의 예

새 프로젝트를 클릭하고, 'rainbow' 프로젝트를 만듭니다.

반복 메뉴를 클릭하여 '시작하면 실행' 블록을 드래그&드롭합니다.

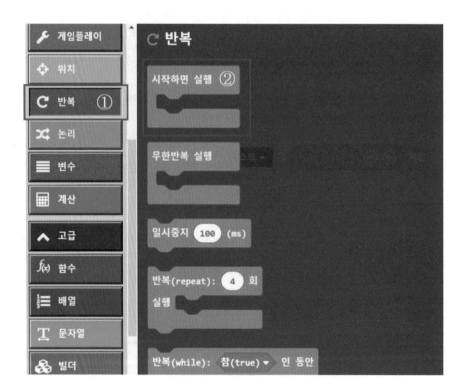

고급 → 배열 → 배열 블록을 드래그&드롭합니다.

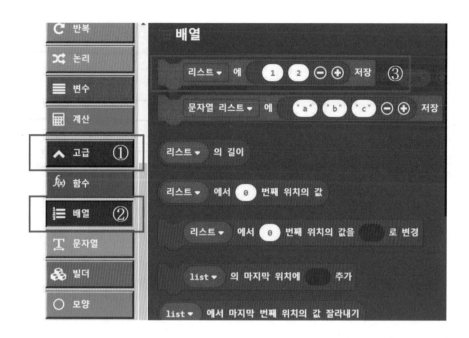

변수 메뉴 클릭, 리스트에서 마우스 오른쪽 클릭하여 리스트의 이름을 rainbowcolor로 변경
합니다.

(+)를 눌러 배열에 7개의 블록이 존재할 수 있도록 만들어 줍니다.

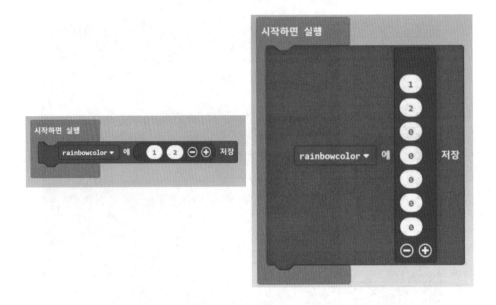

블록 메뉴에서 블록을 드래그&드롭합니다.

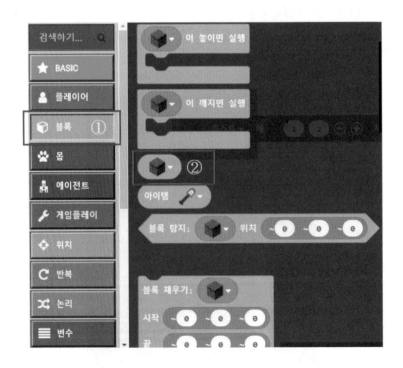

블록 종류를 선택할 수 있는 코드블록을 배열에 삽입하고 무지개색 블록으로 변경해 줍니다.

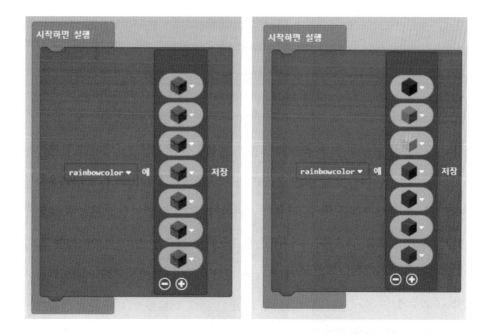

배열 블록 옆에 아래 그림과 같은 새로운 블록을 만듭니다. 채팅명령어는 'rainbow'로 변경합니다. 무지개는 빨주노초파남보의 7가지 색이므로, indcx가 0에서 6까지가 되도록 합니다.

고급 → 원모양에서 원모양 만들기 블록을 드래그&드롭합니다.

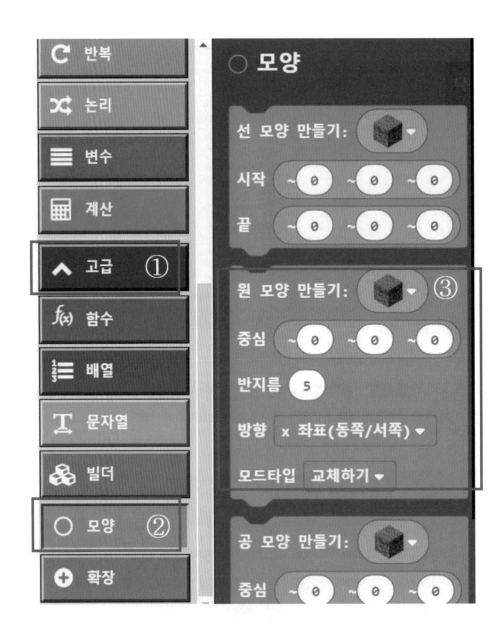

배열에서 아래 그림의 명령어를 드래그&드롭합니다.

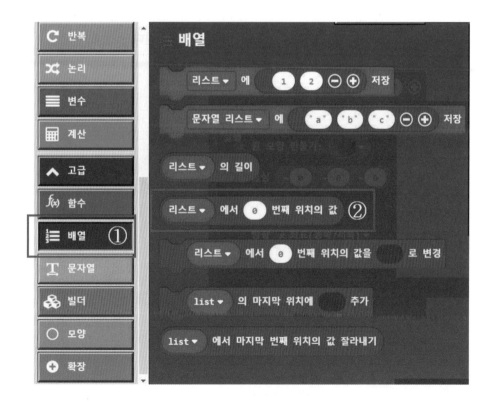

아래 그림처럼 삽입하고, 빨간색 변수 이름을 'rainbowcolor'로 변경합니다.

아래 그림처럼 index 변수를 삽입하고, 반지름을 20으로 설정합니다.

첫 번째 반복문에서는 index=0이므로 rainbowcolor에서 0번째 위치한 값을 선택합니다. rainbowcolor 배열에서 보면 그것은 바로 빨간색 블록인 것을 알 수 있습니다.

첫 번째 반복문에서는 원의 반지름은 20입니다.

두 번째 반복문에서는 index=1이므로 rainbowcolor에서 1번째 위치한 값을 선택합니다. rainbowcolor 배열에서 보면 그것은 바로 주황색 블록인 것을 알 수 있습니다.

두 번째 반복문에서는 원의 반지름은 19(=20-1)입니다.

세 번째 반복문에서는 index=2이므로 rainbowcolor에서 2번째 위치한 값을 선택합니다. rainbowcolor 배열에서 보면 그것은 바로 노란색 블록인 것을 알 수 있습니다.

세 번째 반복문에서는 원의 반지름은 18(=20-2)입니다.

네 번째 반복문에서는 index=3이므로 rainbowcolor에서 3번째 위치한 값을 선택합니다. rainbowcolor 배열에서 보면 그것은 바로 초록색 블록인 것을 알 수 있습니다.

네 번째 반복문에서는 원의 반지름은 17(=20-3)입니다.

다섯 번째, 여섯 번째, 일곱 번째도 같은 방식입니다.

전체 프로그램입니다. 제대로 작성하였는지 확인해 봅시다.

무지개를 제대로 확인하려면, 지상보다는 하늘 높이 올라가서 무지개를 만드는 것이 좋습니다. 크리에이티브 모드에서 스페이스바를 두 번 눌러 비행모드로 하늘 높이 올라갑니다. 적당한 위치에 도달하면, 'T'를 누른 후, 'rainbow'라는 명령어를 입력합니다.

프로그램을 실행시키면 원 모양의 무지개가 생긴 것을 볼 수 있습니다.

따라해 봅시다

[슈퍼다이빙]

플레이어를 하늘 높이 이동시킵니다. 플레이어가 살 수 있는 유일한 방법은 지면에 있는 작은

연못으로 떨어지는 것입니다. 조금의 실수로 물이 없는 지역에 떨어지면… 바로 죽음!!

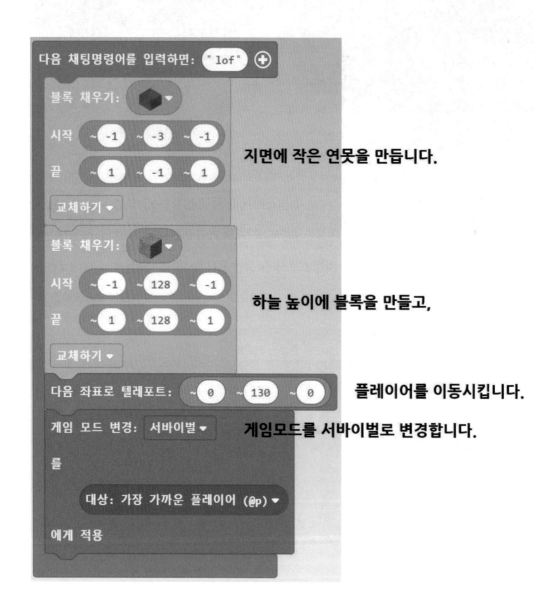

지면에 작은 연못을 만듭니다.

하늘 높이에 블록을 만들고,

플레이어를 이동시킵니다.

게임모드를 서바이벌로 변경합니다.

[블록으로 글씨 만들기]

마인크래프트에서는 블록으로 글씨를 만들 수 있습니다.

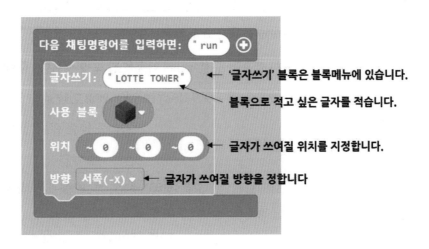

적당한 위치에서 프로그램을 실행하면 내가 원하는 블록으로 글자가 적혀진 것을 볼 수 있습니다.

14

빌더

마인크래프트에서는 3가지 방법으로 블록들을 제어하여 건축을 할 수 있습니다. 즉, 플레이어가 직접 명령하여 건축하거나 에이전트나 빌더에게 명령하여(간접 명령) 건축할 수 있습니다.

종류	설명	특징
플레이어 메뉴 사용	플레이어가 전지전능한 입장에서 직접적인 명령을 통해 블록들을 제어함.	주로 절대좌표 및 상대좌표를 사용하여 블록의 위치를 정함. (예를 들어 ~0, ~0, ~0에 블록 놓기) 블록을 마음대로 쓸 수 있음.
에이전트 메뉴 사용	에이전트가 블록을 제어함. 플레이어는 주로 에이전트를 '앞으로 이동', '좌/우 회전' 방식으로 에이전트 위치를 제어함.	주로 에이전트의 시점에서 블록의 위치를 정함. (예를 들어 에이전트 앞에 블록 놓기) 에이전트가 가지고 있을 수 있는 블록의 제한이 있음(슬롯의 개수의 제한)
빌더 메뉴 사용	빌더라는 가상의 캐릭터를 통해 블록을 제어함. (에이전트와 유사하나, 빌더는 눈에 보이지 않음.) 플레이어는 주로 빌더를 '앞으로 이동', '좌/우 회전' 방식으로 빌더 위치를 제어함	주로 빌더 시점에서 블록의 위치를 정함. (예를 들어 빌더 앞에 블록 놓기) 플레이어와 마찬가지로 모든 블록을 마음대로 쓸 수 있음.

이번에는 간단한 성(castle) 모양의 건축물을 만들어 보도록 합시다.

제일 먼저 ①플레이어 방법으로 성을 만들어 보고, 두 번째로는 ②빌더 방법으로 동일한 모양의 성을 만들어 봅시다. 새 프로젝트를 클릭하고, 'castle-player' 프로젝트를 만듭니다.

제일 먼저 성이 만들어질 위치를 상대좌표로 설정해 주고, 상대좌표를 절대좌표로 변환시켜 줍니다. 성의 외곽을 만들고, 각 모서리에 원기둥을 세웁니다.

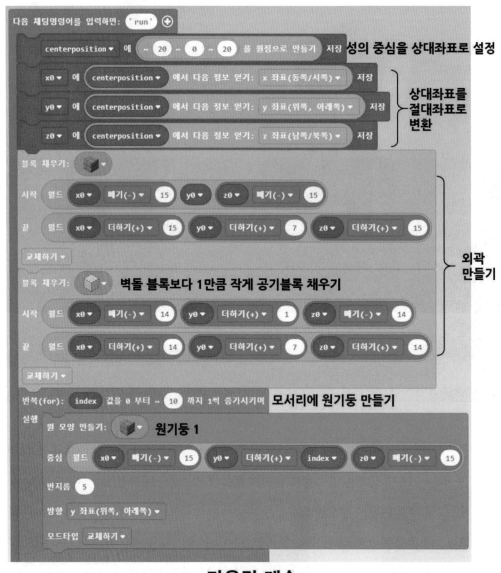

다음장 계속

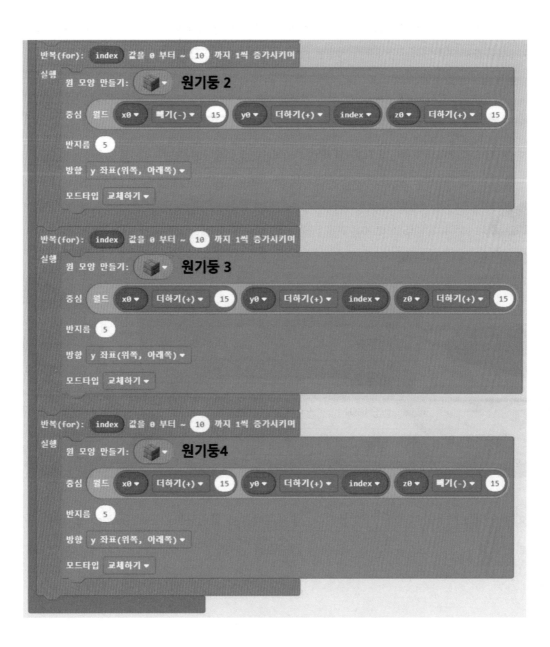

플레이 버튼을 눌러 프로그램을 실행시켜 봅시다.

성이 지어질 수 있는 평지를 찾습니다. 'T'를 누른 후, 'run'라는 명령어를 입력합니다. 그러면 멋지게 만들어진 성을 볼 수 있을 것입니다.

이제 빌더를 이용하여 성을 지어 봅시다. 새 프로젝트를 클릭하고, 'castle-builder' 프로젝트를 만듭니다.

빌더 메뉴는 고급 메뉴를 클릭하면 나타납니다. 빌더 메뉴 하위에 있는 블록들은 에이전트 메뉴와 비슷하지만 조금은 다릅니다.

빌더는 자신이 이동하는 경로마다 블록을 놓을 수 있습니다. 빌더는 먼저 외곽을 따라 이동하게 됩니다. 이때 정사각형 모양의 7층짜리 외곽을 만들게 됩니다. 외곽을 완성한 이후에는 외곽 각 모서리에 위치하는 원기둥을 만듭니다.

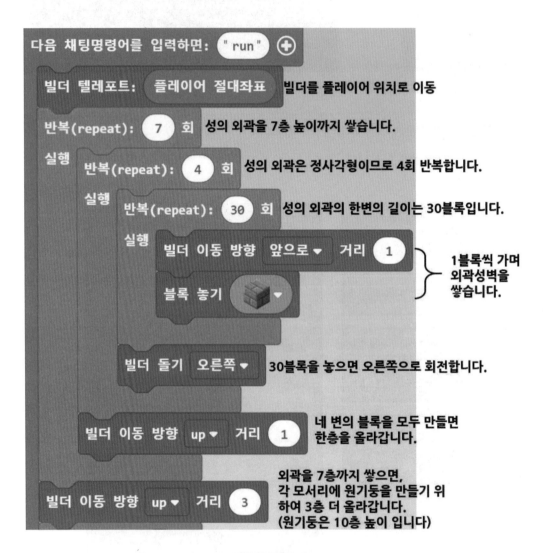

다음 채팅명령어를 입력하면: " run " ⊕

빌더 텔레포트: 플레이어 절대좌표   빌더를 플레이어 위치로 이동

반복(repeat): 7 회   성의 외곽을 7층 높이까지 쌓습니다.

실행

반복(repeat): 4 회   성의 외곽은 정사각형이므로 4회 반복합니다.

실행

반복(repeat): 30 회   성의 외곽의 한변의 길이는 30블록입니다.

실행

빌더 이동 방향 앞으로 ▼ 거리 1   }

블록 놓기 ▼   1블록씩 가며 외곽성벽을 쌓습니다.

빌더 돌기 오른쪽 ▼   30블록을 놓으면 오른쪽으로 회전합니다.

빌더 이동 방향 up ▼ 거리 1   네 변의 블록을 모두 만들면 한층을 올라갑니다.

빌더 이동 방향 up ▼ 거리 3   외곽을 7층까지 쌓으면, 각 모서리에 원기둥을 만들기 위하여 3층 더 올라갑니다. (원기둥은 10층 높이 입니다)

다음장 계속

⬇

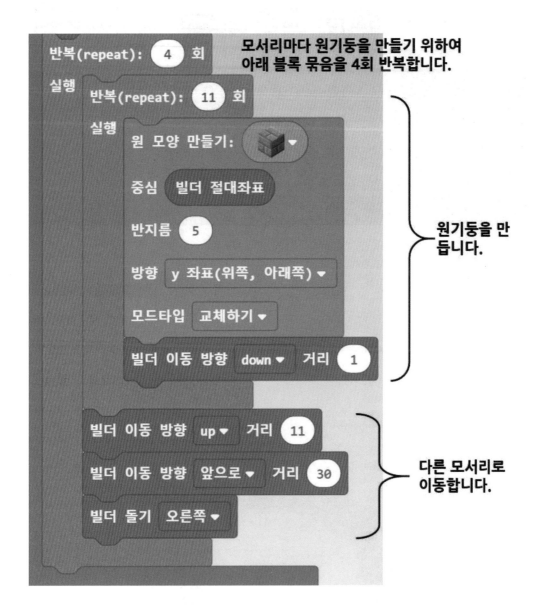

반복(repeat) : 4 회   **모서리마다 원기둥을 만들기 위하여 아래 블록 묶음을 4회 반복합니다.**

실행

   반복(repeat) : 11 회

   실행

      원 모양 만들기 :

      중심   빌더 절대좌표

      반지름   5

      방향   y 좌표(위쪽, 아래쪽) ▾

      모드타입   교체하기 ▾

      빌더 이동 방향   down ▾   거리   1

원기둥을 만 듭니다.

   빌더 이동 방향   up ▾   거리   11

   빌더 이동 방향   앞으로 ▾   거리   30

   빌더 돌기   오른쪽 ▾

다른 모서리로 이동합니다.

프로그램이 완성되면 실행시켜 봅시다. 이전에 만든 성의 모양과 똑같죠?

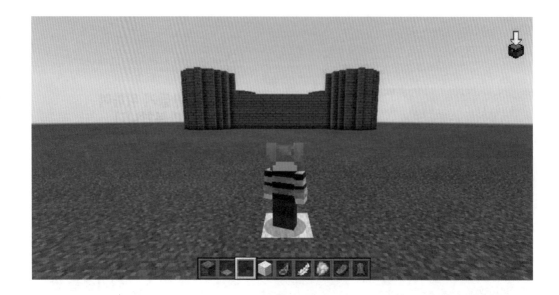

따라해 보세요

[하늘 성에서 떨어지는 물]

'플레이어 방법'으로 하늘에 성을 만들어 봅시다. 하늘 성이 완성되면 성안에 물을 부어 봅시다.

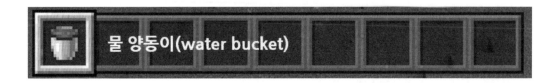

물이 가득한 성안에 물고기를 풀면 어항처럼 사용할 수도 있습니다.

하늘성 바닥면의 블록을 제거하면 중력에 의해 물이 아래로 떨어지는 것도 볼 수 있습니다.

따라해 보세요

[빌더로 롯데타워 만들기]

앞에서 배운 빌더와 반복문을 이용하여 롯데타워를 만들어 봅시다.

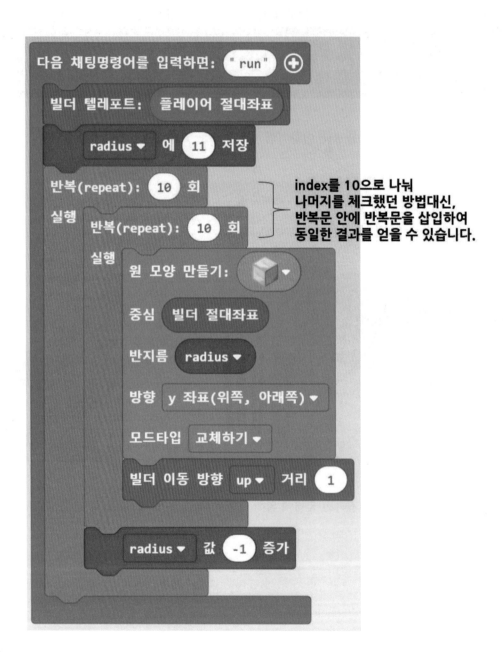

index를 10으로 나눠 나머지를 체크했던 방법대신, 반복문 안에 반복문을 삽입하여 동일한 결과를 얻을 수 있습니다.

15

수학 활용하기 1 (1차 함수 그래프 그리기)

1차 함수란,

$y=ax+b$(a,b는 상수, $a \neq 0$)와 같이 x의 함수 y가 x의 일차식으로 표시된 함수를 말합니다. b=0일 경우, 일차함수는 $y=ax$로 아주 간단해집니다. 간단한 수식을 계산하여 아래 표를 채워 봅시다.

x값 (함수의 입력값)	y값(함수의 출력값)		
	y = 0.5x일 때	y = x일 때	y = 2x일 때
0	0	0	0
1	0.5	1	2
2			
3			
4			
5			
6			
7			
8			
9			
10			

앞의 표를 이용하여 그래프를 그리면 아래와 같습니다.

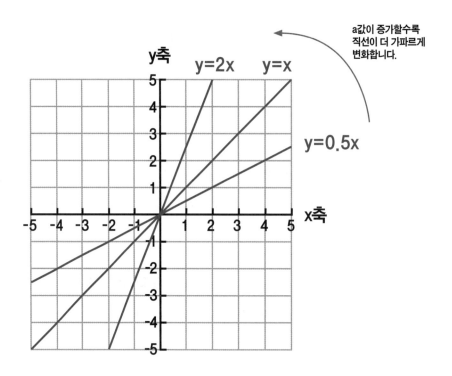

위의 그림과 같이 일차함수 y=ax의 형태에서, a값이 클수록 직선이 더욱 가파르게 증가 혹은 감소합니다. 이때 우리는 'a'값을 기울기라고 말합니다. 재미있게도 마인크래프트에서 수학책에서나 볼 수 있는 함수의 그래프를 블록을 이용하여 실제로 그릴 수 있습니다. 다만, 마인크래프트에서 함수의 그래프를 그릴 때(사용할 때) 유의해야 할 사항이 있습니다. 어떤 상황이든 마인그래프트에서는 정수로 이루어진 좌표를 사용합니다. 즉, 마인크래프트에서는 월드(1, 2, 1) 형태로 표현하지, 월드(1.2, 2.5, 1.6) 형태로는 표현하지 않습니다. 만약 플레이어가 좌표에 소수점 이하의 수를 입력하더라도 마인크래프트 내부에서 알아서 반올림하여 정수로 표현해 버립니다. 따라서 메이크코드에서는 어떤 함수의 x값을 정의할 때는, 반복문을 사용하여 x좌표를 0부터 1씩 증가시키도록 표현해야 합니다(정수 1만큼 커지게 됩니다).

앞의 설명을 조금 더 구체적으로 살펴보도록 합시다. 위의 블록에서 일차함수를 정의하기에 앞서, x값의 범위를 정의해 줘야 합니다. 즉, 여기서 x값은 반복문을 사용하여 0에서 50까지 1씩 증가시킵니다. 반복문 안에는 x값이 주어질 때 y값을 계산하는 블록이 존재합니다.

즉, x=0일 때 y=0,

x=1일 때 y=2,

x=2일 때 y=4…

그다음으로 블록이 놓일 상대좌표가 정의되어 있습니다.

x좌표는 0에서 50까지 1씩 증가하는 값,

y좌표는 각 x값에 해당하는 y값,

z좌표는 ~1로 고정하고 있습니다.

(x좌표와 y좌표에 1씩 더한 것은 그래프의 위치를 조정하기 위한 것입니다.)

이제부터 위의 내용을 바탕으로 마인크래프트에서 그래프를 그려 보도록 합시다.

새 프로젝트를 클릭하고, 'graph' 프로젝트를 만듭니다.

새 프로젝트를 만든 후, 아래의 프로그램으로 코딩합니다.

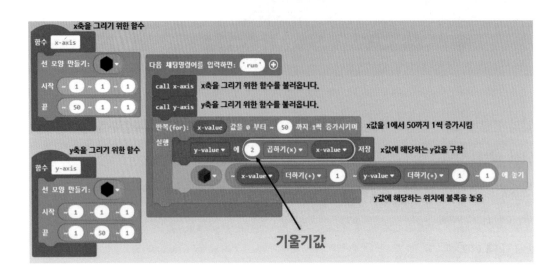

기울기 값을 변경해 가며 프로그램을 실행시켜 봅시다. 그래프들의 기울기를 비교하기 편하도록 플레이어를 z좌표 쪽으로만 이동시켜 그래프를 그립니다.

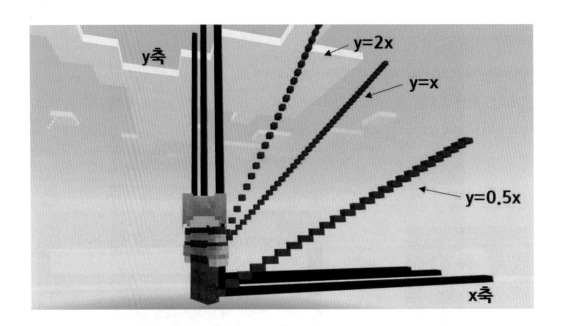

마인크래프트에서 수학 함수를 이용하여 멋진 그래프가 그려진 것을 볼 수 있습니다. 지금은 그래프를 그리기 위하여 수학 함수를 사용하였지만, x축과 y축만 없다면 그래프에 사용된 블록은 건축을 위한 계단으로 활용해도 좋을 것 같습니다. 즉, 수학 함수로 간단한 계단을 만들 수 있습니다. 실제로 수학은 건축에서 아주 많이 활용되고 있습니다.

16

수학 활용하기 2 (둥근 지붕 만들기)

이번에는 2차 함수를 사용하여 건축을 해 보도록 합시다. 건축물 중에 둥근 원형 지붕을 가지는 경우가 있습니다. 고속도로에서 흔히 볼 수 있는 터널의 지붕도 둥근 모양입니다. 그럼 둥근 지붕의 외곽선은 어떻게 그릴까요?

예상하셨듯이 지붕 역시 수학으로 그려집니다. 우리는 2차 함수($y=-0.025x^2+10$)를 사용하여 지붕라인을 그려 보도록 합시다.

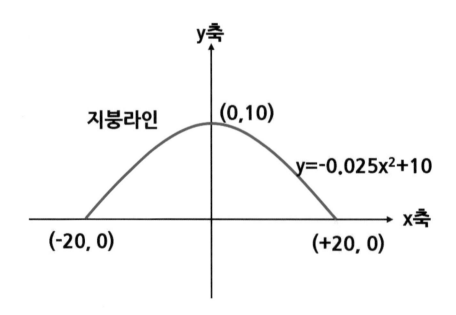

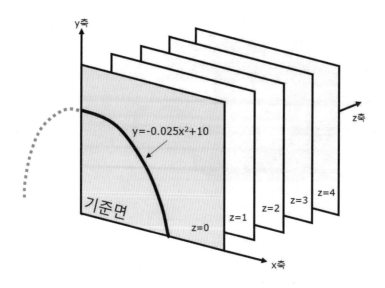

둥근 지붕을 가진 건축물을 만드는 전략은 다음과 같습니다. 먼저 기준면 중심으로 2차 함수를 이용하여 x, y 평면에 블록으로 지붕의 라인을 그립니다. 기준면과 1만큼 떨어지고 기준면과 평행한 새로운 면(z값을 1씩 증가한 면)에 다시 2차 함수를 이용하여 x, y 평면에 블록으로 새로운 지붕라인을 그립니다. 또 다시 1만큼 떨어진 새로운 면(z값을 또 1 증가시킨 후)에 똑같은 2차 함수를 이용하여 새로운 지붕라인을 그립니다. 그러면 아래 그림처럼 블록으로 이루어진 지붕라인을 완성할 수 있습니다.

그럼 앞에서 설명한 방법들을 코딩으로 표현하면 어떻게 해야 할까요? 처음에는 생각하기 어렵겠지만, 반복문 안에 반복문을 사용하면 이 문제를 쉽게 해결할 수 있습니다.

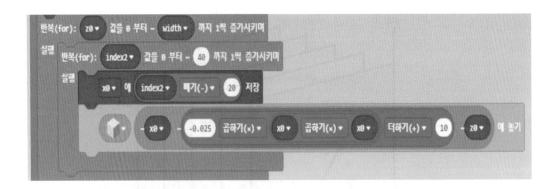

첫 번째 반복문은 z좌표를 하나씩 증가하는 것입니다. 즉, z는 0에서 40까지 변화합니다. 첫 번째 반복문의 첫 번째 루프에서(즉 z=0일 때), x는 -20에서 20까지 1씩 증가하며 변화합니다. 이때 x값에 대응하는 y값은 $-0.025x^2+10$으로 계산된 값입니다. x값에 따라 y값이 변화할 때 (지붕 라인을 그릴 때), z값은 0으로 일정하게 유지됩니다. 첫 번째 반복문의 두 번째 루프에서 (즉 z=1일 때), x는 또다시 -20에서 20까지 1씩 증가하며 변화합니다. 이때 x값에 대응하는 y값은 앞과 동일하게 계산된 값입니다. x값에 따라 y값이 변화할 때(지붕 라인을 그릴 때), z값은 1로 일정하게 유지됩니다. 이후 z=40일 때까지 똑같은 방식으로 반복하게 됩니다.

이제 마인크래프트에서 실제로 코딩을 해봅시다. 새 프로젝트를 클릭하고, 'build' 프로젝트를 만듭니다.

아래 그림과 같이 프로그램을 만듭니다.

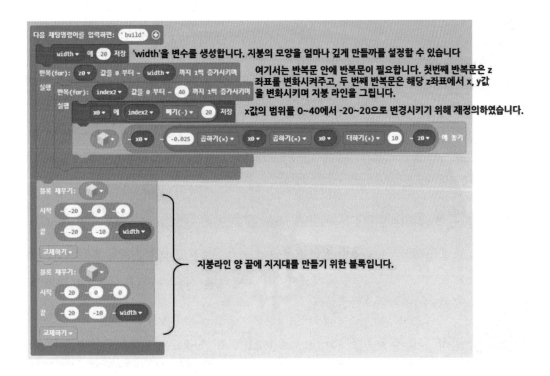

코딩을 완료하였으면 프로그램을 실행시켜 봅시다. 전투기 격납고처럼 둥근 지붕이 완성된 것을 볼 수 있습니다.

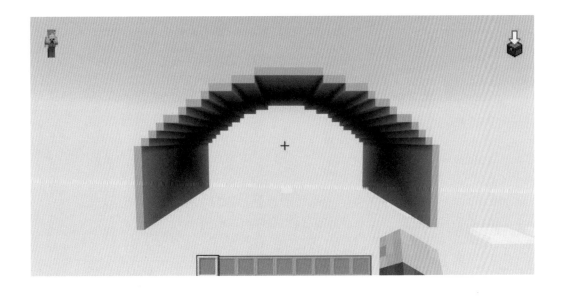

블록으로 지붕라인을 만들고 보니, 전투기를 보관하는 격납고 같이 생기지 않았나요?

17

수학 활용하기 3 (시계 시침 그리기)

삼각함수는 '각'에 대한 함수로서 삼각형의 각과 변의 길이를 연관시킨 것입니다. 삼각함수는 삼각형의 연구뿐만 아니라 소리나 빛의 파동과 같은 다양한 주기적 현상을 설명하는 데 이용됩니다.

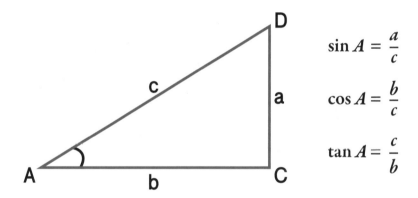

$$\sin A = \frac{a}{c}$$

$$\cos A = \frac{b}{c}$$

$$\tan A = \frac{c}{b}$$

삼각함수는 직각삼각형의 변의 길이의 비율로 정의되기도 하고, 좌표평면 위의 원에서 얻어지는 다양한 선분의 길이로 정의되기도 합니다. 가장 일반적인 삼각함수는 사인함수, 코사인함수, 탄젠트함수입니다.

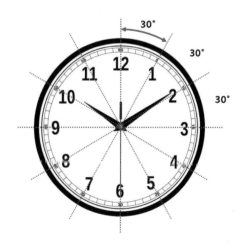

시계를 생각해 봅시다. 시계의 시침은 1시간에 30°를 움직입니다. 30°는 π/6와 같습니다. 참고로 180°는 π와 같습니다. 따라서 t시간이 경과하였다고 하면, 시침은 12시를 기준으로 (π/6 × t) 만큼 이동하게 됩니다. 예를 들어 시계의 시침이 오후 2시 정각을 가리킨다고 가정합시다. 이때 시침은 12시를 기준으로 60°(30° × 2시간)를 이동하게 됩니다. 60°는 π/3와 같습니다. 시계의 반지름을 R이라고 하면, 2시 시침에 대한 x좌표는 R sin(π/3)이고, y좌표는 R cos(π/3)가 됩니다. (이 부분이 이해하기 어려우시면 그냥 넘기셔도 상관없습니다.)

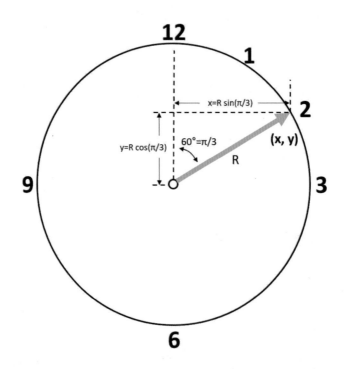

이제 시계를 만들어 봅시다. 새 프로젝트를 클릭하고, 'clock' 프로젝트를 만듭니다.

아래 그림과 같이 프로그램을 만듭니다.

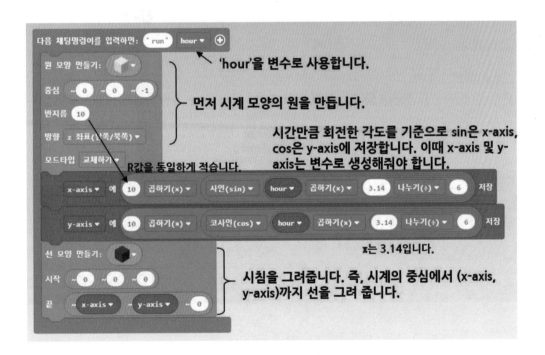

시간 값을 변경해 가며 프로그램을 실행시켜 봅시다. 예를 들어 3시를 그려 보고 싶을 때는
다음의 명령어를 적습니다.

프로그램 실행 결과를 실제 시계의 시침과 비교해서 관찰해 봅시다.

[배틀그라운드 자기장 효과]

배틀그라운드 게임의 자기장처럼 시간에 따라 TNT 폭탄으로 구성된 원이 줄어드는 프로그램을 만들어 봅시다.

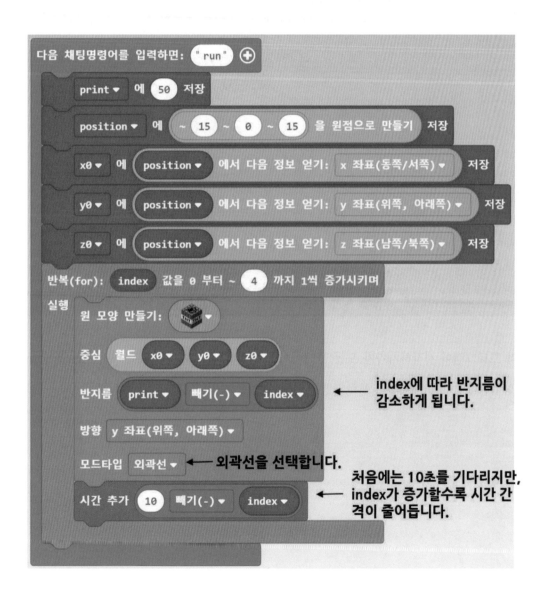

프로그램을 실행시키면 시간이 경과함에 따라 TNT 원이 줄어드는 것을 확인할 수 있습니다.

만약 프로그램이 시작하자마자 모든 플레이어를 원의 중심으로 텔레포트 시켜 주는 명령어를 삽입한다면 더욱 재미있는 프로그램을 만들 수 있을 것입니다.

엄마랑 아들이랑

마인크래프트
코딩(메이크코드) 싹쓸이

ⓒ 안효정 · 지성준, 2020

초판 1쇄 발행 2020년 10월 15일
　　2쇄 발행 2021년 3월 12일

지은이　　안효정 · 지성준
펴낸이　　이기봉
편집　　　좋은땅 편집팀
펴낸곳　　도서출판 좋은땅
주소　　　서울 마포구 성지길 25 보광빌딩 2층
전화　　　02)374-8616~7
팩스　　　02)374-8614
이메일　　gworldbook@naver.com
홈페이지　www.g-world.co.kr

ISBN 979-11-6536-848-7 (63000)